ちくま新書

日本語の起源

——ヤマトコトバをめぐる語源学

近藤健二
Kondo Kenji

1626

日本語の起源
ヤマトコトバをめぐる語源学
【目次】

上古漢語の特殊な音と音表記

　発音の詳細がわからなくても、本文の理解は可能です。本文中でも、必要に応じて発音の説明をします。

ɦ	h の有声音（h の濁ったような音）
·	h が弱化した消滅寸前の音
kʰ	k に息を伴った音
pʰ	p に息を伴った音
tʰ	t に息を伴った音
tsʰ	ts に息を伴った音
th	t に強い息を伴った音
dh	d に強い息を伴った音
ḅ	b よりも破裂の弱い音
ḍ	d よりも破裂の弱い音
g̊	g よりも破裂の弱い音
m̥	m よりも破裂の弱い音
ă	a よりも緊張した音
ɔ̆	ɔ よりも緊張した音
ĕ	e よりも緊張した音
ŭ	u よりも緊張した音
ŏ	o よりも緊張した音
ɪ	i よりも曖昧な音
ï	i と e または ɪ と e の合体音
ö	i と o または ɪ と o の合体音
ɔ̈	i と ɔ または ɪ と ɔ の合体音

日本語の起源・総論

この本は、日本語の語源を論じることによって日本語の起源が中国語であることを裏付けようとするものです。はじめに日本語の起源をめぐる諸説を概観したあと、私が思い描く新しい考えの一端にふれて、本文への導入とします。

1　先学たちの日本語系統論

ここで取りあげる日本語の起源説は、北方起源説、北方語と南方語の重層説、チベット・ビルマ語起源説、タミル語起源説、日本語古層説です。

†北方起源説

この説は、日本語が朝鮮語、ツングース諸語、モンゴル語、チュルク語（トルコ語）などとともにアルタイ語族を構成するという説です。この説をもっとも強く支持したのはアメリカの言語学者である R.A. ミラーです。

アルタイ語族は音声面だけでなく、文法面においても顕著な類似性を有するといわれます。しかし語彙面での一致が薄弱であるため、近年ではアルタイ語族そのものを認めない傾向が強いようです。

なお、小沢重男の『日本語の故郷を探る──モンゴル語圏から』（講談社、1979 年）は、日本語とモンゴル語の語彙の一致を明らかにしようとした労作で、学術的価値が非常に高い研究であると思われます。

†北方語と南方語の重層説

この説を 2 つに分類できます。一方は、北方語が先にあって、それに南方語がかぶさったとする説です。北方語

とは上述のアルタイ系言語のことで、南方語とは南太平洋の島々に分布するオーストロネシア語族のことです。これは南島語とも呼ばれます。

　北方語の上に南島語がかぶさったとするのは、川本崇雄の『南から来た日本語』（三省堂、1978 年）です。川本は次のように述べています。

　　私はこう推定します。日本列島には縄文時代の末期、アルタイ語的な言語 A が行われていました。そこへ秀れた稲作文化を担った南島語族が言語 B をもたらしました。土着の人々は新来の高度の文化を吸収するために、外来の言語 B を競って学びました。外来の人も土着の人も二重言語生活を強いられました。自分達の部落へ帰れば純粋の B または A を用いますが、一たん外へ出ると、単語は B のものですが A のくせのまじった混同言語 B′という共通語を使用しなければなりませんでした。(p. 145)

　こうして 100 年、200 年たつうちに、B′が新しい日本語として成立したというのです。

　一方、南方語の上に北方語がかぶさったとする説があります。村山七郎の『日本語の誕生』（筑摩書房、1979 年）はその代表格といってよいでしょう。村山は次のように述べています。

　　……縄文時代には琉球から九州、西南日本にかけて南島系言語が行なわれていたと推定されます。……縄文

晩期か弥生初期に朝鮮半島を経てアルタイ・ツングース的な言語……が九州に渡来し、そこできわめて大量の南島語要素を吸収し……、しだいに「日本祖語（原始日本語）」が誕生したでありましょう。（pp. 295-96）

　これらの学説には、今日の人類学および考古学的知見にそぐわないところがあります。水田稲作は南太平洋の島々ではなく、中国大陸の長江下流域に起源を発するものであることが専門家たちの一致した見解です。また、縄文時代晩期か弥生時代初期に北方系民族が渡来したという証拠もありません。

†チベット・ビルマ語起源説

　日本語とチベット・ビルマ語が同系言語だとする説は、C.K. パーカーの『日本語・西蔵＝緬甸語同系論』（東亜同文書院志那研究部、1941 年）から西田龍雄の「チベット・ビルマ語と日本語」（『岩波講座日本語十二・日本語の系統と歴史』所収、岩波書店、1978 年）へとつらなる説です。しかしこの起源説は、渡来系弥生人が水稲耕作民であった事実と整合しません。池橋宏は『稲作渡来民──「日本人」成立の謎に迫る』（講談社、2008 年）で次のように指摘しています。

　　私はイネの問題を多方面から検討して、それは中国の長江流域で、タイ─漢語系の言語を話す人々によって栽培化されたという結論を得た。そして、これまで漠然と、しかし根強く存在していた、南島語を持ち込ん

だ稲作渡来民とか、ポリネシア系の航海民と稲作の関係という考え方に対して、ある程度決着をつけることができた。上記の藤堂明保の見方によれば、中国大陸の東側を南下したタイ―漢語系の人々が水田稲作を基礎とする文化の創始者であるのに対し、チベット―ビルマ語系の言葉を話す人々は遊牧民であった。(p. 220)

そして池橋は、「ビルマ語と日本語の対応があるとすれば、それ自体は検討すべき課題であるが、稲作の伝来という枠組みからは検討できない」(p. 221)といいます。私も、渡来系弥生人はチベット・ビルマ語話者ではなかったと思います。

†タミル語起源説

タミル語起源説は、ひとことでいうと、弥生時代の日本でタミル語のクレオール化が起こったという説、もう少し丁寧にいうと、縄文時代の日本語は南方からもたらされたオーストロネシア語族と同系の言語でしたが、紀元前500年ころ南インドからタミル人が渡来し、タミル語がそれまであった言語を駆逐したという大野晋が提唱した説です。

タミル語起源説の最大の難点は、タミル人が日本列島に渡来したという想定が現実離れしていることです。人類学的、考古学的証拠は何もありません。

しかし、大野がいうように、日本語とタミル語との間には無視することができない類似点があります。タミル語起源説は受け入れられませんが、大野が『日本語の形成』(岩波書店、2000年)で指摘している類似性を完全否定す

るのは非科学的です。日本語とタミル語との間に見られる語彙の類似は、日本語とモンゴル語との間、また日本語とチベット・ビルマ語との間の類似性と同様に、何万年か前のユーラシア祖語の名残だといえそうです。

†日本語古層説

　日本語の起源をめぐる研究が行き詰まるなかで、新しい学説が芽ばえました。松本克己は『世界言語のなかの日本語 ── 日本語系統論の新たな地平』（三省堂、2007年）において日本語を日本周辺の朝鮮語やアイヌ語やギリヤーク語とともに系統不明の言語としています。そして、これらの諸言語には共通して古層の言語の特徴、すなわち「ユーラシア中心部ではほとんど消し去られてしまった古い言語特徴の名残」が見られると述べています。

　この主張には、縄文時代の日本語と弥生時代の日本語との間に断絶があるとする大方の日本語系統論に反駁を加えようとした小泉保の『縄文語の発見』（青土社、1998）における次の主張に通じるところがあります。

　　縄文語への探索をはばむものは何か。それは弥生語が縄文語に入れ替わったという、いわれのない「弥生語交替説」である。この場合の弥生語は奈良時代の先代に当たる言語を意味すると考えてよい。弥生語こそが原日本語であり、弥生語が縄文語を制圧したという憶説は、いまもなお日本語の歴史を考究する際の大きな障害になっている。この憶説の欠陥は、弥生語自体の成立が明確にされていないことと、縄文語と交替した

という想定が思い込みの域を出ていないということにある。（p. 132）

2　新しい日本語系統論に向けて

　私は拙著『弥生言語革命』（松柏社、2020 年）で、水田稲作をもたらした人々が話していた言語は古代中国語であったとしたうえで、これが弥生時代の日本で新しい日本語に進化したと述べました。

　言語の比較を通じて言語の過去を明らかにしたり、言語間の同系性を裏付けたりするのが比較言語学の主要な役割ですが、中国語は比較言語学のなかで影の薄い存在でした。放置されてきたといっても過言ではありません。比較言語学者が怠慢だったというよりも、中国語が手に負えなかったというのがあたっているでしょう。

　中国語が比較言語学の対象になりにくかったのは、ひとえに漢字のせいです。漢字は表音文字ではないので、その古い音がわかりにくく、中国語とほかの言語との比較が困難だったのです。

　しかし、『詩経』などの押韻研究を通して中国語の古い音を推定する作業が行われてきました。私の評価では、この分野でもっともすぐれた研究者は藤堂明保です。藤堂の研究成果は藤堂明保・加納喜光編『学研新漢和大字典』（学習研究社、2005 年）に反映されているので、この辞典を参考にすれば古代中国語の推定された発音を知ることができます。日本語の起源が中国語であると思うようになったのは、この辞典に記載されている古代中国語の発音、すなわち中国語の上古音と古代日本語とを比較したときでし

た。ここに、両者の類似性を示す例をあげてみましょう。

詔（tiɔg）「つげる・みことのり」→ツグ（告ぐ）

竹（tɩok）「たけ」→タケ（竹）

築（tɩok）「きずく」→ツク（築く）

塚（tɩuŋ）「つか」→ツカ（塚）

搗（tog）「うすでつく」→ツク（舂く・搗く）

拆（tʰăk）「ひらく・さく」→サク（割く・裂く）

醜（tʰiog）「みにくい」→シコ（醜）

透（tʰog）「すく・すける」→スク（透く）

釈（thiak）「とく・とける」→トク（解く）

鑠（thiak）「とかす・とける」→トク（溶く）

焼（thiɔg）「やく・やける」→タク（焚く・炊く）

提（deg）「ひっさげる」→サグ（提ぐ・下ぐ）

着（dɩak）「きる・つく」→ツク／トク（着く）

丈（dɩaŋ）「たけ・せたけ」→タケ／タキ（丈）

食（diǝk）「くう」→タグ（食ぐ）、スク（喰く）

淘（dog）「こめをとぐ」→トグ（淘ぐ）

調（dög）「つき・みつぎ」→ツキ（調）

豆（dug）「たかつき」→ツキ（坏）

撞（dǔŋ）「棒でつく・つきとおす」→ツク（撞く）

時（dhiǝg）「とき」→トキ（時）

斜（ḑiǎg）「ななめ・さか」→サカ（坂）

場（ḑiek）「さかい・あぜをくぎる」→サカ（境・界）

上に示した古代中国語は語頭が舌音のt、tʰ、d、dh、ḑであり、語末が牙音と呼ばれるk、g、ŋです。そして古

代日本語の語頭はタ行・サ行子音で、語末がカ行・ガ行音です。このように共通の意味を有する一定数の古代中国語と古代日本語との間に舌音とタ行・サ行子音、牙音とカ行・ガ行子音という対応が観察されるということは、これが偶然による一致ではなく、中国語が日本語化したことによる一致だと考えるのが素直な見方でしょう。こういう例はほかにもいっぱいあります。

　しかし話はそう単純ではありません。というのも、中国語を日本語化するための異なる仕掛けがあったからです。このことを語源探索にからめて論じるのが第1章と第2章の主な目的です。この2つの章で取りあげる言葉はさまざまですが、一般的にいって、語源がわかりやすい語は話の種としてあまりおもしろくありません。おもしろいのは語源の意外性です。そこで語源解釈の難易度が高そうな語を比較的多く選んで、それらと中国語との関係を明らかにしようと思います。

　ところで、古代地名や神名も多くは中国語を使った造語のようです。『古事記』には神の名前がいっぱい出てきます。イザナキとイザナミによる国生みの話には、地名がいくつも出てきます。従来の研究ではこれらの神名や地名の起源はほとんど不問に付されてきましたが、中国語との比較を試みると、わけのわからなかったこれらの名前が中国語を使った途方もない謎々であることが判明します。第3章は、ここでの話が新しい『古事記』研究のきっかけになることをめざした章です。

第 1 章

伝統的造語法

はじめに

　この章で取りあげるのは、弥生時代から奈良時代あたりまで存在した伝統的造語法によって作られた言葉のいくつかです。まず、この造語法を具体例に即して説明します。

†一対一対応の漢語と和語

　勾（kug ク）「かぎ」→カギ（鍵）

　未（mɪuəd ミ）「まだ」→マダ（未）

　胝（tɪer タイ）「しり」→シリ（尻）

　このように１つの漢語が１つの和語と同源の関係にある対応が一対一対応です。（　）内の発音、たとえば kug は「勾」という語の上古音です。上古音とは上古漢語の発音のことです。そして上古漢語とは、日本の弥生時代と時代が重なる周・秦の時代の古代中国語のことです。なお、上古音の発音表記は上記の『学研新漢和大字典』に記載されている藤堂明保による推定音に依拠しています。

　（　）内の片仮名は日本語の漢字音を表しています。漢字音には呉音や漢音などの種類がありますが、本書では呉音を示します。呉音は、奈良時代の日本で中国の代表とされていた江南の呉の地方で話されていた中古漢語の発音を反映していると見て大過ありません。なお、本書での熟語の読みは現代仮名遣いによって表します。

　上に示した呉音から推察されるように、呉の時代の中古漢語では語末子音の大部分が失われていました。このことは、カギ（鍵）やマダ（未）やシリ（尻）という語が弥生

時代の日本で生まれたことを示唆しています。このような語は何百も存在することが確認できます。

　しかし、これよりもはるかに多数の和語が別の方法で作られました。下に示すように、漢語の2字熟語が日本語の1語になったのです。2字熟語は次に示すような二対一対応、三対一対応、四対一対応の基盤となりました。

†二対一対応の漢語と和語

タミ（民）

タ　　庶（thiag ショ）「おおい・庶民」

ミ　　民（miǎn ミン）「たみ・庶民」

　◆　庶民（ショミン）「一般の民衆」

フサグ（塞ぐ）

フ　　閉（per ハイ）「とじる・とざす」

サグ　塞（sək ソク）「ふさぐ・ふさがる」

　◆　閉塞（ヘイソク）「閉じて塞ぐ」

トツグ（嫁ぐ）

トツ　出（tʰiuət シュツ）「でる・だす」

グ　　嫁（kǎg ケ）「とつぐ」

　◆　出嫁（シュツカ）「嫁に行く」

マサカリ（鉞）

マサ　伐（bɪuǎt ボチ）「きる・うつ」

カリ　柯（kar カ）「え・えだ」

　◆　伐柯（バッカ）「枝を切る」

漢語と和語との音対応の仕方によって、二対一対応は4分類されます。対応例がいちばん多いのはタミ（民）のタイプです。次に多いのがフサグ（塞ぐ）のタイプで、いちばん少ないのがマサカリ（鉞）のタイプです。

　私の調査では、これら3つのタイプに属する和語は合計すると1000語以上にのぼります。

†三対一、四対一対応の漢語と和語

マシラ（猿）

マ	毛（mɔg モウ）「け」
シ	虫（dɪoŋ ヂュウ）「むし」
ラ	類（lɪuɜd ルイ）「たぐい」
◆	毛虫（モウチュウ）「けむし・けもの」

トモガラ（輩）

ト	同（duŋ ヅウ）「おなじ・ひとしい」
モ	輩（puər ヘ）「ともがら・やから」
ガ	偶（ŋug グ）「ともがら・なかま」
ラ	儷（leg ライ）「なかま・ならぶ」
◆	同輩（ドウハイ）「同じ地位や年ごろの仲間」
	偶儷（グレイ）「対偶・友・仲間」

　マシラ（猿）は2字熟語の「毛虫」に対応するマシに「類」に対応するラが付加された形です。一方、トモガラ（輩）は2字熟語の「同輩」と「偶儷」に対応するトモとガラの合体形です。このようにして形成された語は、それほど多くはありません。

以上が伝統的造語法のあらましですが、補足があります。語頭音を失ったと見なされる和語についてです。

　たとえば、浮（bɪog）→ウク（浮く）、息（siak）→イキ（息）などの対応例では、消失した音が何であるか見当がつきます。一方、次のような場合は事情が異なります。

ウチ（内）

ゥ　域（ɦɪuək キキ）「さかい・くぎり」

チ　中（tɪoŋ チウ）「なか・うち」

◆　域中（イキチュウ）「一定区域内」

オミナ（嫗）

ォ　嫗（・ɪug ウ）「おうな・ばば」

ミ　婦（bɪuəg ブ）「おんな・よめ・つま」

ナ　女（nɪag ニョ）「おんな・むすめ」

◆　婦女（フジョ）「成人の女・女」

イタヅラ（徒ら）

ィ　枉（・ɪuag ワウ）「まげる・まがる」

タ　道（dog ダウ）「みち」

ッ　徒（dag ド）「かちあるきする・いたずらに」

ラ　労（lɔg ラウ）「つかれる・つかれさせる」

◆　枉道（オウドウ）「正道を曲げる・回り道をする」
　　徒労（トロウ）「役に立たない無駄な苦労」

　上の3つの和語はかつて語頭音がwであったと思いますが、wが別の音を引き継いだものかどうか不明です。

　マチ（町・街・坊）という語は、現在では「家が立ち並ぶ地域・市街地」という意味を表します。しかしもともとは、「平城京・平安京の東西に走る大路にはさまれた４つの坊」の総称であったようです。

> 凡そ京には坊毎に長一人を置く。四の坊に令 一人を置く。（日本書紀　大化二年）

『日本国語大辞典』にマチの語源説が７説載っています。「田間の路をいうマチ（間道・間路）の義」という説や、「ミチ（道）と同源同義」という説や、「マは美称の真で、ウマチ（美所・善所）の略」といった説ですが、いずれにも賛成できません。というのも、漢語に「町・市井」を意味する坊市（ボウシ）という語があって、これがマチの語源にちがいないと思われるからです。

マチ(町・街・坊)

- マ　　坊（bɪaŋ ハウ）「まち」
- チ　　市（dhiəg ジ）「いち」
- ◆　坊市（ボウシ）「町・市井」

　マチは bɪaŋ-dhiəg の bɪa-dhiə に対応しています。なお、bɪaŋ-dhiəg の中古音、すなわち隋・唐の時代の発音は、bɪaŋ-ʒɪei です。これを土台としてマチという語を作ったのかもしれません。いずれにせよ、漢語の b が日本語で m

の音となるのはきわめて自然です。

　さて、ムラ（村）というのは「人々が集まって住む田舎の集落」のことです。かつてムラヲサ（村長）という言葉があったことからも知られるように、行政組織としてのムラも古くからありました。

　ムラの語源説もいろいろとありますが、その多くが似ています。「人のムラガリイル（群居）所であるから」とか、「人家がむらがりある意」、「群の義」、「聚の義」、「ムレバ（群場）の義」といったように、ムル（群る）、ムレ（群れ）、ムラ（群・叢・聚）という語との関連で説かれています。私もずっと「ムラは人が群れている所」だと思ってきましたが、漢語の部落（ブラク）にムラの意味があることを知って考えを改めました。

ムラ(村)
ム　　部（buəg ブ）「わける・部分」
ラ　　落（ĝlak ラク）「むら・さと・集落」
◆　部落（ブラク）「人家の集まり・村」

　ムラは buə-ĝla（中古音は bo-lak）に対応しています。なお、ムル（群る）やムレ（群れ）の起源はこれだと思います。

ムル(群る)、ムレ(群れ)、ムラ(群・叢・聚)
ム　　繁（bıuǎn バン）「しげる・しげし」
ル　　乱（luan ラン）「みだれる・みだす」
◆　繁乱（ハンラン）「多くのものが入り混じる」

　ここでは、表題のような同音異義語を取りあげます。両者の起源は同じであると当然のように思われていますが、どうでしょうか。まずは、トモ（伴・供・共）という語の例を示してみましょう。

> 戦へば　われはや飢ぬ　島つ鳥　鵜養が伴　今助けに来ね（古事記　歌謡14）

　これは、「戦いをすると飢えてしまうから、鵜養の従者（である鵜）よ、（鮎を持って）助けに来てくれ」という意味です。
　トモに「従者」という意味がどうして生まれたかを探ろうとして、トは何か、モは何か、と日本語の中をあれこれ探し回っても、何の手掛かりも得られません。そこで結局は、「従者」は「友人」のようなものだから、「従者」を表すトモは「友人」を表すトモの派生語だと見なして、わかったような気になってしまいます。
　しかし、「従者」は家来のようなものですから、こういう意味を表すトモの起源は次のように考えるべきではないでしょうか。

トモ（伴・供・共）

ト　　随（ɖiuar ズイ）「したがう・ついていく」

モ　　伴（buan バン）「ともずれ・ともなう」

　◆　随伴（ズイハン）「供としてついていく」

また、次のように考えることもできます。

ト　随（ȡiuar ズイ）「したがう・ついていく」
モ　輩（puər ハイ）「ともがら・やから」
◆　随輩（ズイハイ）「供として従う家来たち」

ト　同（duŋ トウ）「おなじ・おなじくする」
モ　伴（buan バン）「ともずれ・ともなう」
◆　同伴（ドウハン）「一緒に連れて行く・道連れ」

このようにトモ（伴・供・共）の起源は複数です。では、トモ（友）の場合はどうでしょう。

　さ夜中に友呼ぶ千鳥もの思ふとわびをる時に鳴きつつもとな（万葉集 618）

トモ（友）は「人の友」だけではなく、「千鳥の友」もいます。そして、このトモ（友）の起源も複数です。

トモ(友)
ト　同（duŋ ヅウ）「おなじ・ひとしい」
モ　朋（bəŋ ボウ）「ともだち・なかま」
◆　同朋（ドウホウ）「仲間・友達」

ト　儔（ȡiog ヂウ）「ともがら・ともに」
モ　匹（pʰiet ヒチ）「たぐい・たぐう」
◆　儔匹（チュウヒツ）「仲間」

　マツ（松）とマツ（待つ）という奇妙な組み合わせを取りあげるのは、「松の木だけがマツじゃない。あなた待つのもマツのうち……」という昔の流行歌を彷彿させるような有力な語源説が存在するからです。吉田金彦編著『語源辞典　植物編』の解説を見てみましょう。

> 　また、常葉の意味から神の宿る木。門松のように神格化されたマツを飾り、降臨する年神の依代とする木である。神の降臨をお待ち申し上げるというマツ（待）心がマツ（松）に託されていることは明らかで、伝統の民俗学的な意味で解釈すべきであろう。神を待つ、神を祀（祭）る、マツ（松）とは共通語源である。（p. 237）

　マツ（松）は「久しきを持つところから、モツの義」という説も存在します。しかし私にいわせれば、「松＝待つ」とするのも、「松＝持つ」とするのも説得力に欠ける牽強付会の語源説です。というのも、マツ（松）という語の成り立ちは次のように見るのがいちばん自然だと思われるからです。

マツ（松）

- マ　茂（mog モ／ム）「しげる」
- ツ　樹（dhiug ジュ／ズ）「き」
- ◆　茂樹（モジュ）「生い茂る樹木」

松の木は古来、節操・長寿・繁茂の喩えとされてきました。そこで「生い茂る樹木」を意味する漢語の茂樹（モジュ）がマツの起源であり、その mo-dhiu の音がマツに対応していると見なされます。ちなみに、クス（樟）という名の起源は喬樹（キョウジュ）か巨樹（キョジュ）です。また、カシ（樫）は賢材（ケンザイ）、カキ（柿）は甘果（カンカ）が起源だと思います。

　ところで、マツ（待つ）とモツ（持つ）の語源は何でしょう。マツはマ（間）の活用語であるとか、マトル（間取る）に由来する語だという説があります。またモツは「モノツム（物積）の義」とか「ミツ（満）の義か」といった多くの語源説がありますが、有力な説は見あたりません。次のような漢語に起源を求めた方がよさそうです。

マツ（待つ）

- マ　奉（bɪuŋ ブ）「たてまつる・ささげもつ」
- ッ　待（dəg ダイ）「まつ・じっとまちうける」
- ◆　奉待（ホウタイ）「お待ちする」

モツ（持つ）

- モ　捧（pɪuŋ フ）「ささげる」
- ッ　持（dɪəg ヂ）「もつ・たもつ」
- ◆　捧持（ホウジ）「うやうやしく両手で捧げ持つ」

　マツは bɪuŋ-dəg の bɪu-də に対応し、モツは pɪuŋ-dɪəg の pɪu-dɪə に対応しています。なお、「奉」と「捧」に由来する敬語的意味あいは早くに失われていたと思われます。

第4話 クスリ(薬)とブス(附子)

クス(樟)の起源は巨樹(キョジュ)か喬樹(キョウジュ)だと述べた直後に、これとは異なる内容を含む解説を引用します。吉田金彦編著『語源辞典 植物編』からです。

> クスノキから樟脳を取って香料・防虫剤にすることでもわかるように、クス(樟)はクスリ(薬)の約形である。霊妙なことを形容詞でクシ(奇)というが、それの派生形にクスシ(奇)というのもあり、それと同系語にクスリ(薬)がある。霊妙な薬効があるものがクスリで、クスリノキといってもクスノキといっても同じことである。(p. 82)

こういう考えがほとんど通説のようになっていますが、私は納得できません。クシ(奇し)がどうしてクスシ(奇し)になるのでしょうか。また、クスシがどうしてクスリ(薬)になるのでしょうか。クスリのリを放ったらかしにして、クスリの成り立ちを説いたことにはなりません。

さて、クシ(奇し)という形容詞は今ではクシクモ(奇しくも)という表現にしか残っていませんが、この語の起源は漢語の奇(gɪar ギ)でしょう。中古音は gɪĕ でした。クシのシは形容詞語尾で、クは上古音 gɪa、中古音の gɪĕ に対応しています。一方、クスシ(奇し)は「不思議な出来事」を意味する奇跡(キセキ)と同源です。その上古音の gɪar-tsiak の gɪa-tsia、中古音の gɪĕ-tsiɛk の gɪĕ-tsiɛ がクスシのクスと対応しています。シは形容詞語尾です。

問題はクスリ（薬）という語の起源です。それは漢語の薬剤（ヤクザイ）だと思います。

クスリ(薬)

ク　薬（gliɔk ヤク）「くすり」

スリ　剤（dzer セイ）「くすり」

◆　薬剤（ヤクザイ）「薬」

　クスリは上古音 gliɔk-dzer の gliɔ-dzer に対応していますが、二重子音の gl は l の音が消失して単子音化しました。gliɔk-dzer が中古音の yiak-dzei に弱化したことを考慮すれば、クスリが上古音にもとづく形であることは明らかです。クスリは非常に古い言葉だといえます。

　さて次は、ブス（附子）についてです。これはトリカブトの根を乾燥させた毒薬で、強心剤、利尿剤、鎮痛剤として使われてきました。ブシともいわれますが、この語の起源説は見あたりません。語源研究者がさじを投げた言葉の1つでしょうが、私はこの語の起源をこう考えます。

ブス(附子)

ブ　秘（pied ヒ）「ひそか」

ス　剤（dzer ザイ）「くすり」

◆　秘剤（ヒザイ）「秘密の薬・秘薬」

　ブス、ブシという語は方言でトリカブトや毒を表します。なお、顔の醜さをいうブス顔、略してブスという語もこれと同源です。

第5話　ムカデ（百足）とトカゲ（蜥蜴）

　ムカデ（百足）というのは古い言葉のようです。文献上の初出例は古事記の例ですが、これは「亦、来日の夜は、呉公と蜂との室に入れたまひき」のように表記されています。漢語でムカデのことを呉公（ゴコウ）ともいうので、こういう表記になっているのです。

　さて、ムカデの語源説は大きく2つに分けられます。モモ（百）という語と結び付けた説と、そうでない説にです。

　前者は、ムカデの原義を「モモがテ（百手）の義」とか、「モモイカテ（百数多手）の義」といったように見る説です。そして後者は、「ムカフテ（対手）」のように、多数の足が向き合っていることに注目した説です。

　こういう語源説を目にするたびに、私は思います。先学はどうして漢語に注目しなかったのだろうかと。漢語の百足（ひゃくあし）を取りあげて、それに漢語音をあてはめてみれば、ムカデの語源はすぐにわかります。

ムカデ（百足）

ムカ　百（pǎk ヒャク）「もも・ひゃく」

デ　　足（tsiuk ソク）「あし」

　◆　百足（ヒャクソク）「やすで・むかで」

　ムカデは、pǎk-tsiuk の pǎk-tsiu に対応しています。漢語のpの音は、日本語でマ行子音かハ行子音になるのがもっとも一般的です。

ムカデに限らず、漢語に由来する生き物の名はいっぱいあります。たとえば、モズ（百舌）は百舌（ヒャクゼツ）と同源で、その pǎk-diat の pǎ-dia がモズに対応しています。またムシ（虫）は「けむし・けもの」を意味する毛虫（モウチュウ）と同源で、その mɔg-dɪog の mo-dɪ に対応する形です。またナマヅ（鯰）という語は、「なまず」を意味する鮎（nām）と「なまず」という病名を表す癜（duen）とが合体した nām-duen の nām-due に対応する形でしょう。

　しかし、簡単にはいかないこともあります。たとえば、トカゲ（蜥蜴）はそういう言葉です。トカゲを意味する蜥（sek）、あるいは蜥蜴（sek-ɖiek）はトカゲとはかけ離れた形をしています。

　トカゲの語源説は4つほどあります。「好んで戸の陰などにいるところからトカゲ（戸陰）の義」、「戸などにいて速く走るところからトカケリ（戸翔）の略か」、「トクカクレ（疾隠）の義」、「トカケ（敏駆）の義」という説です。こういう語源説はどれも正解ではないと思いながら、これに代わる案を見つけることができませんでした。

　そして何年かして、偶然に答えが見つかりました。

トカゲ（蜥蜴）

トカ　守（thiog シュ／ス）「まもる」

ゲ　宮（kɪoŋ ク／クウ）「みや」

　◆　守宮（シュキュウ）「やもり（守宮）」

　トカゲはもともと、やもり（守宮）のことだったのです。なお、トカゲの語構成は「守＋宮」かもしれません。

　タヅ（田鶴・鶴）は歌語であったといわれますが、話し言葉でこれが使われなかったという確たる証拠はありません。

　　　若の浦に潮満ち来れば潟を無み葦辺をさして鶴鳴き渡る（万葉集919）

　タヅの語源説はいろいろです。アシタカドリヲス（脚高鳥雄）が語源だとする説は理解不能です。タクヅル（栲鶴）がもとの形だとする説は一応理解できます。ツラナリヅル（連鶴）がタヅになったという説はわかりません。

　ちょっと納得できそうな気がする説は、タヅはタヅ（多寿）が起源であるとか、タツル（田鶴）がタヅになったとか、タヅの原義はタヅ（多津）だといった説です。

　これらの中でいちばん有力視されているのは、タ（田）とツル（鶴）とが結合したとするタツル説です。たしかに、「タツル→タヅル→タヅ」という変化を仮定するのは不自然ではありません。しかし、タツルとかタヅルといった形が存在したことを裏付ける証拠は何もありません。話し言葉でどうであったかは知る由もありませんが、文献のなかではツルよりもタヅの方が古い言葉です。となれば、タツル説を信用するわけにはいきません。

　ここで、私が考えるタヅの語源説を紹介します。ツル科の中でもっとも大きく、もっとも美しい丹頂鶴を表す丹頂（タンチョウ）という漢語がタヅの語源だと思います。

タヅ（田鶴・鶴）

タ 丹（tan タン）「あかい」

ツ 頂（teŋ チャウ）「いただき」

◆ 丹頂（タンチョウ）「丹頂鶴」

いうまでもなく、タヅは丹頂以外の鶴をも表す名前になりましたが、これはタヅの原義が忘れられたからでしょう。

　次はツル（鶴）についてです。この語の起源に関しても定説はありませんが、ツルはその鳴き声に由来する名だというのがもっとも一般的な説です。ツルツルと鳴くということですが、ルの音は気のせいでしょう。ツルツル鳴くからツルという名がついたのではなく、ツルの鳴き声だからツルツル聞こえるのではないでしょうか。

　ツルの語源説には、「つらなり飛ぶところからツラナルの義」という説や、朝鮮語の turumi を借用したという説もありますが、いずれも広い支持を得てはいません。

　さて、私が提案するのは「ツル＝サギ」説です。

ツル（鶴）

ツ 田（den デン）「た・田畑」

ル 鷺（lag ル）「さぎ」

◆ 田鷺（デンロ）「田のなかのさぎ（鷺）」

ツルは、語源上はサギを表す名前です。しかしツルの正体はよくわかりません。ツルは木に止まらないので「松上の鶴」という歌の文句はコウノトリの「誤認」だといわれますが、コウノトリをツルと呼ぶこともありました。

第7話 サギ(鷺)とウサギ(兎)

サギ(鷺)にはいくつかの種類があります。色も一様ではありません。しかし次の歌に詠まれているような、シラサギ(白鷺)と呼ばれる種類がもっとも一般的です。

池神の力士舞かも白鷺の桙啄ひ持ちて飛びわたるらむ
(万葉集 3831)

サギの語源説はいろいろとありますが、そのなかで注目に値するのは、サギのギがシギ(鴫)やサザギ(鷦鷯)などのキ／ギと同様に鳥を表す古語だという金沢庄三郎の指摘です。私もそのとおりだと思います。サギのギは「鳥」を意味する形態で、サギのサはどういう鳥かを表す修飾語であったと考えられます。こうして、サギの語源は漢語の糸禽(シキン)であることがわかります。

サギ(鷺)
- サ　糸(siəg シ)「糸」
- ギ　禽(giəm ゴム)「とり」
- ◆　糸禽(シキン)「さぎ(鷺)」

siəg-giəm の siə-giə の部分がサギに対応していることは明らかです。

次はウサギ(兎)の話です。サギとウサギという奇妙な組み合わせになっているのは、山口佳紀編『暮らしのことば　語源辞典』のなかでウサギという語の成り立ちが次の

ように説かれているからです。

　　……月に住むといわれたり、民話の主人公になるな
　　ど、我々に親しい存在だが、ウサギのもとの名は単音
　　節のウであった。『万葉集』（八世紀）に「宇治」を
　　「兎道」と書いたり、『日本書紀』（七二〇年）の訓注
　　に「菟」を「宇」と読ませた個所があって、兎をウと
　　いったことがわかる。十二支でネ・ウシ・トラ・ウ
　　……と唱えるのはこの古形が残ったものであろう。サ
　　ギは鷺の意で、鷺のように白いことからといわれる。
　　（p. 91）

　私はこの解説を読んで、モンブランという山の名が浮か
びました。モンブランは「モン（山）―ブラン（白い）」と
いう構成です。フランス語ではこれが普通の語順です。し
かし日本語では「白山」のようになります。ウサギのサギ
を修飾的要素のように見るのはまちがっています。
　私の見立てでは、ウの方が修飾的要素です。

ウサギ（兎）
ウ　　狡（kŏg カウ）「ずるい」
サギ　兎（tʰag ツ）「うさぎ」
　◆　狡兎（コウト）「ずるい兎」

　ウサギは kŏ-tʰag に対応する形です。クサギが語頭子音
を失ってウサギになったと考えられます。ウ（兎）は、ウ
サギの省略形でしょう。「ヒ・フ・ミ・ヨ」のような。

第8話　ツカサ（高処・阜）とツカサ（首・司・官）

ツカサ（高処・阜）の意味は次の文から察せられます。

大和（<ruby>やまと<rt></rt></ruby>）の　この高市（<ruby>たけち<rt></rt></ruby>）に　小高（<ruby>こたか<rt></rt></ruby>る　市（<ruby>いち<rt></rt></ruby>）の高処（<ruby>つかさ<rt></rt></ruby>）　新嘗屋（<ruby>にひなへや<rt></rt></ruby>）に生（<ruby>お<rt></rt></ruby>）
立（<ruby>た<rt></rt></ruby>）てる……（古事記　歌謡100）

「市（<ruby>いち<rt></rt></ruby>）の高処（<ruby>つかさ<rt></rt></ruby>）」とは「市が開かれる小高い所」のことで
す。「小高い所」という意味はツカ（塚）の意味と同じで
す。もっとも、ツカはこれと同源である漢語の塚（tiuŋ）
と同様に、「土を小高く盛り上げた墓」というのが本来の
意味です。

ツカはツク（築く）と同源だという定説はまちがってい
ますが、ツカサはツカと同源だという説は見当はずれでは
ありません。しかし、ツカサのサの由来を示さなければ、
ツカサの語源を明らかにしたことにはなりません。

私の考えでは、塚上（チョウジョウ）という漢語がツカ
サの語源です。

ツカサ（高処・阜）

ツカ　塚（tiuŋ チュウ）「つか・はか」
サ　　上（dhiaŋ ジャウ）「うえ・ほとり」
◆　塚上（チョウジョウ）「墓の上・墓のほとり」

ツカサは tiuŋ-dhia に対応する形です。そしてその原義
は「土を小高く盛り上げた墓のほとり」であったと思われ
ます。しかし、ツカサに含まれていた「墓」の意味は早く

に失われてしまったようです。上記の「小高る　市の高処」は墓地ではなかったと想像されます。

　さて今度は、ツカサ（高処・阜）と同音異義語のツカサ（首・司・官）という語について考えてみましょう。最初に、例をあげます。

　　吾児の宮の首は即ち、脚摩乳、手摩乳なり（日本書紀神代上）

　　群臣および百寮を集へて……（同上　仁徳12年）

　　日暮れぬれば、かのつかさにおはして見たまふに……（竹取物語）

　上の1番目の例の「首」は「首長」という意味で、2番目の例の「百寮」は「役人たち」という意味で、3番目の例の「つかさ」は「役所」という意味です。

　このような意味を表すツカサの語源解釈はいくつかありますが、大体において似通っています。「ツカサ（高処）の転義」、「古くはツカサ（阜）に立って民衆に布告をしたところから」、「最高の地位にあるところから、ツカサ（高処）の義」、「高く位置するものの意」といった具合です。しかし、どれも不正解だと思います。正解はこれではないでしょうか。

ツカサ（首・司・官）

ツカ　宰（tsəg サイ）「つかさ・つかさどる」

サ　　司（siəg シ）「つかさ・つかさどる」

◆　宰司（サイシ）「宰相・官吏・役人」

　昔、シカ（鹿）のことをカ（鹿）ともいいました。

　　山彦の相響むまで妻恋ひに鹿鳴く山辺に独りのみして
　　（万葉集 1602）

　このカという語がシカの語源だという説があります。かつてメジカ（牝鹿）を表すメカ（牝鹿）という語が存在したことを根拠にして、ヲジカ（雄鹿）を表すセカ（夫鹿）という語があったと仮定し、これがシカになったとしているのです。これはかなり有力視されている説ですが、このような仮定を重ねた説に説得力はありません。
　とはいえ、私の提案も仮定です。私は、「獣」を意味する漢語の獣（thiog）がシカの起源だと思います。上古音のthiog が日本語のシカになったのです。そして、シカのシを失ってカという語が生まれたのです。シカとカとの関係は、漢語の酒（tsiog）に由来するサケ／サカ（酒）とキ（酒）との関係と同じです。キをサケ／サカの古形とする従来の見方はまちがっています。カ（鹿）やケ（酒）に限ったことではありませんが、1音節語は何かの音を失った形でないかと疑ってみることが肝要です。
　ところで、シカは古代人にとって有用な狩猟獣の代表格でした。そういう動物の名に「獣」を表す語をあてた例は日本語以外にも見られます。たとえば、英語の deer はシカを表しますが、その原義は「獣・動物」です。deer と同源のドイツ語 Tier は今も「獣・動物」という意味です。

次に、アシカ（海鹿・葦鹿）の語源についてです。はじめに、吉田金彦編著『語源辞典　動物編』を引用します。

> 『日本国語大辞典』には「葦鹿＝アシシカ→ア（シ）シカ」と「海鹿＝アマシカ→ア（マ）シカ→アシカ」の二つの説を紹介している。アシカのシカについては、アシカの頭部は角のない雌の鹿とかなり似ているので、鹿と見てよいであろう。ではアは何か。体の比較的大きなアシカにとって葦の群生する湿地帯は活動のしにくい場所と考えられるので、「葦鹿」説は無理で、「あま（海）」に由来するとした方がよい。……ama-sika → amsika → asika と唇音 m が消失したものである。(p. 11)

私の考えもこれと少し似ています。私は、「海の鹿」ではなく「海の獣」がアシカの語源だと思います。

アシカ（海鹿・葦鹿）、ミチ（海驢）

ァ　海（m̥əg カイ）「うみ」

シカ　獣（thiog シュ）「けもの」

◆　海獣（カイジュウ）「海に住む獣」

アシカは m̥ə-thiog に対応し、アシカを意味するミチは m̥ə-thio に対応します。m̥ は m の弱音ですから、アシカの前身はハシカでしょう。ミチは m̥ のもとの音を反映した言葉です。なお、m̥əg は中古音で həi となり、h が日本人に k と聞こえたため、「海」をカイと読むのです。

第10話 イモ(妹)とセコ(兄子・夫子・背子)

いも（妹）は「兄弟から見た姉妹」をさすのが本来の意味です。次の例もそうであるように、年上か年下かといった区別はなしに使われました。

言問はぬ木すら妹と兄ありといふをただ独子にあるが苦しさ（万葉集1007）

イモの起源は、それを漢語に求めれば簡単にわかります。そうしなかった先学たちは、「モはメ（女）に通う」、「イは発語。モは向う義」、「内に居て守るものの義」、「イはイトシキ意。モはミ（身）の転」、「イは接頭語。モはセに対する語」といった意見を開陳してきました。

私が簡単にわかるといったイモの起源を示します。

イモ(妹)

イ　姉（tsier シ）「あね」

モ　妹（muəd マイ／メ）「いもうと」

◆　姉妹（シマイ）「姉と妹・女の兄弟」

イモは、tsier-muəd の tsie-muə の部分に対応しています。しかし語頭子音を失いました。もとの形はシモであったと考えられます。

さて、イモの対語にセ（兄・夫・背）という語があって、「姉妹から見た兄弟」、「結婚相手としての男・夫」という意を表しました。上に引用した歌でも、セがイモの対

語として使われています。

　表題に示したセコ（兄子・夫子・背子）は、このセの類義語として、「同母の兄または弟を姉妹が親しんで呼ぶ語」として、また「夫または恋人の男性を親しんで呼ぶ語」として用いられました。

　ここでの問題は語源です。セに関しては、「エ（兄）の転か」、「セ（背）が高いところから」といった説があります。またセコについて、「コは親愛の情を表す接尾語」だといわれたりします。私はこれに賛成しません。

　私が考えるセコの成り立ちを下に示します。

セコ（兄子・夫子・背子）

　セ　　籠（tʰɪuŋ チュウ）「いとしい人」

　コ　　児（ŋieg ニ）「こ・こども」

　◆　　籠児（チョウジ）「親にとくにかわいがられている子・時流に乗ってもてはやされている人」

　セの起源は籠（tʰɪuŋ）でしょう。セコのコが消失した形と見ない方がよさそうです。

　ところで、セコの類義語にセロ（夫ろ・兄ろ）という語があります。次に示すように、「ロは接尾語」ではありません。

セロ（夫ろ・兄ろ）

　セ　　情（dzieŋ ジャウ）「なさけ・感情」

　ロ　　郎（laŋ ラウ）「おとこ・男子」

　◆　　情郎（ジョロウ）「恋人の男性・相思の男子」

第11話 イカヅチ(雷)とイナヅマ(稲妻)

イカヅチ（雷）はカミナリ（雷）と同義の古語です。

蛆たかれころろきて、頭には大 雷 居り、胸には火 雷 居り、腹には黒 雷 居り……（古事記 神代）

イカヅチは「「厳つ霊」の意。ツは連体助詞」（『岩波古語辞典』）という考えが定説のようになっていますが、これはとんでもない誤りです。連体助詞のツなど存在しません。また、チ（霊）という語も存在しません。これらは文法家が作った架空の言葉です。

イカヅチは、下に示すように、威厳（イゲン）という漢語と電霆（デンテイ）という漢語をつないだ言葉です。

イカヅチ(雷)

- イ　威（·ɪuər キ）「おそれ・おどす」
- カ　厳（ŋɪǎm ゴム）「おごそか・きびしい」
- ツ　電（den デン）「いなずま・いなびかり」
- チ　霆（den ヂャウ）「いなずま・とどろく」
- ◆　威厳（イゲン）「恐れ尊敬するような厳かさ」
  電霆（デンテイ）「雷光と雷鳴」

このように、連体助詞のツだといわれている部分は、電（den）の de です。そして、チ（霊）の意味だといわれている部分は、霆（den）の de です。

さて、次はイナズマ（稲妻）の話です。山口佳紀編『暮

らしのことば　語源辞典』に、次の解説が見られます。

> 「イナ（稲）＋ツマ（夫）」からなる語。イナは、イネ
> が複合語の中で用いられるときの形。ツマは、夫婦や
> 恋人などが互いに相手を呼ぶ語であった。古くはイナ
> ツルビともいった。ツルビは交接の意。雷は稲の開花
> 結実のころに多く、雷光が稲を実らせるという古代信
> 仰からの命名で、イナヅマは「稲の夫（いねのつま）」という意であ
> る。（p. 75）

　イナヅマの語源が手際よく説かれています。この語源説
は広く知られています。そして、私以外にはこの説を疑う
人はいないようです。
　私は、イナヅマという語の成り立ちをまったく違ったふ
うに考えています。

イナヅマ (稲妻)

ｲﾅ　電（den デン）「いなずま・いなびかり」
ﾂﾏ　閃（thiam セム）「ひらめく・いなびかり」
　◆　電閃（デンセン）「稲妻がひらめくこと」

　イナツルビ（稲つるび）のイナは「稲妻」、すなわち
「電光」を表しています。そしてツルビはツルム／ツルブ
の名詞形で、漢語の接連（セツレン）と同源です。イナツ
ルビは幾筋もの雷光が交わるように発せられるさまを描写
した表現です。これが稲との交わりと曲解され、稲妻の迷
信を生む契機になったのだと思います。

第12話 アソブ(遊ぶ)とスサブ(遊ぶ・荒ぶ)

　アソブ(遊ぶ)という動詞について、『岩波古語辞典』は「日常的な生活から別の世界に身心を解放し、その中で熱中もしくは陶酔すること。宗教的な諸行事・狩猟・酒宴・音楽・遊楽などについて、広範囲に用いる」と説いています。そしてその意味を、①神遊び、すなわち神楽を演じる、②音楽を奏し歌を歌う、③宴会をする、④狩りをする、⑤舟遊びをする、⑥勝負事をする、⑦子供や動物が気楽に動きまわる、⑧気晴らしに遠出をする・遊山する、⑨遊興する、⑩仕事などしないでぶらぶらしている、と定義しています。

　これだけの意味があっては、アソブの語源は探りようがないと思いました。従来の語源説も、1つを除いて紹介するに値しないものばかりです。その1つとは、木村紀子著『原始日本語のおもかげ』の論説です。木村は、「熱くアソブ」と題する章を次のように締めくくっています。

　　「あそブ」とは火山列島とも言われるこの島の太古の人々にとって、神の山アソの如く、火を噴くほどの熱くナル行為、さらに言えば、「汝も神ぞ／君も神ぞ」とアソ(噴火)ゴッコをスルことだというのではなかっただろうか。(p. 100)

　これを読んだのは10年以上も前ですが、木村の流麗な文章と大胆な発想に感動しました。しかし今は、このような考えに賛成する気はありません。

私流にいうと、アソブとは「仕事をしないで別のことをする」こと、つまり、アソブはハタラク（働く）の対語です。そして、アソビはナリハヒ（生業）の対語です。アソブを上述の①〜⑩のように定義するのは、ハタラクを①農作業をする、②教鞭をとる、③車の運転手をする、④居酒屋の店長をする、などと定義するようなものです。

　アソブという語の本質的意味は昔から変わっていません。変わったのは、もののいい方、表現法、文体です。こう考えると、アソブという語の起源はこれだとわかります。

アソブ（遊ぶ）

ァ　遊（ḍiog ユ）「あそぶ」

ソブ　集（dziəp ジフ）「あつまる」

◆　遊集（ユウシュウ）「ぶらぶら集まってくる・くつろぎ集まる」

ḍiog の ḍ は d が弱化した音で、その多くが後に y の音になりました。アソブはヤソブに由来する形でしょう。

　ところで、スサブ（遊ぶ・荒ぶ）という語はアソブと同源だと思ってきましたが、そうでないことに気づきました。スサムともいうこの語の意味は「心の思うままに楽しむ」で、その起源は私心（シシン）だと思います。

スサブ（遊ぶ・荒ぶ）、スサム（すさむ）

ス　私（sier シ）「わたくし・かってな」

サブ　心（siəm シム）「こころ・むね」

◆　私心（シシン）「個人的で自分かってな考え」

　ムツキ（睦月）は陰暦正月の称です。万葉集には「正月（むつき）」が2回現れます。1つは「正月（むつき）たち春の来らばかくしこそ……」（815）となっていて、もう1つは「正月（むつき）たつ春のはじめにかくしつつ……」となっています。ムツキがタツ（立つ）というのは「正月がはじまる」という意味、あるいは「正月に暦が改まる」ということですから、ムツキには「新しくはじまる」という意味が込められていそうな気がします。このように、ムツキの原義が「年のはじめの月」だと仮定して、私はムツキのムの起源を発（pɪuǎt）という漢語に求めます。pɪuǎがムになったのです。

　しかし従来の説は多様です。「互いに往来してむつまじくするところからムツビツキ（睦月）の略」とする説、「稲の実をはじめて水に浸す月であるところから、ムツツキ（実月）の義」だとする説、「陽気が地中から蒸すところから、ムシツキの義」だとする説などがありますが、いずれの説も説得力がありません。

　さて、私は暦のツキ（月）も空のツキ（月）も時月（ジゲツ）がその起源だと思いますので、私が考えるムツキの成り立ちは次のようになります。

ムツキ（睦月）

ム　発（pɪuǎt ホツ／ホチ）「はなつ・おこる」

ッ　時（dhiəg ジ）「とき・ころあい」

キ　月（ŋɪuǎt ゴチ）「つき・1か月」

◆　時月（ジゲツ）「時と月・数か月」

次はシハス（師走）についてです。これはもちろん、陰暦12月の称です。ちょっと意外ですが、シハスという語は万葉集に1度しか現れません。

　十二月《しはす》には沫雪《あわゆき》降ると知らねかも梅の花咲く含《ふふ》めらずして（万葉集 1648）

　シハスという語が歌にあまり見られないのは、この語によって詩情が動かなかったからでしょうか。そして、これにはシハスの語源が関係しているのでしょうか。

　シハスの語源説もさまざまですが、なんといっても、「経をあげるために師僧が東西を馳せ走る月であるところから、シハセ（師馳）の義」という説が極め付きです。この説は多くの人によって受け入れられてきた説です。私も、シハスはそういう意味だと教えられました。しかし、この説を疑う人もいました。そういう人たちは、「四季の果てる月であるところから、シハツ（四極）月の意」とか、「セハシの義」といった説を提唱しました。

　私が提案するのは、こういう説です。

シハス(師走)

シ　終（tioŋ シュ）「おわる・おわり」

ハス　末（muat マツ／マチ）「すえ・はし」

　◆　終末（シュウマツ）「物事のおわり・最後」

　シハスは tio-muat に対応しています。m がハ行子音になる例はすでに見ました。あとにも出てきます。

第14話　イトド(いとど)とハナハダ(甚)

　ここで取りあげるのは、2系統の強意語です。はじめに、「いよいよ・ますます」という意味を表すイトド(いとど)が類義語のイト(甚)と一緒に現れる例を示します。

> 入り方の月いと明かきに、いとゞなまめかしうきよらにて、ものをおぼいたるさま、虎 狼 だに泣きぬべし。(源氏物語 須磨)

　イトドの語源説は1つしかありません。「非常に・ひとしお・ひどく」という意味を表すイトを重ね合わせたイトイトが約ってイトドになったという説です。これは定説として広く受け入れられていますが、私の考えは違います。

　まず、イトの語源を考えてみましょう。イトは、漢語の至(tied)と同源だと思います。「いたる・いたって」を意味するこの語の tied という音が語頭子音を欠いたイトになったのです。

　イトドがイトイトの縮約形ではないと考える理由は2つあります。1つは、イトイトという形が見つからないことです。もう1つは、次のような起源が考えられることです。

イトド(いとど)、イトドシ(いとどし)

イト　至(tied シ)「いたる・いたす」

ド　　上(dhiaŋ ジャウ)「うえ・かみ」

◆　至上(シジョウ)「この上もないこと」

tied-dhia の ied-dhia がイトドに対応していると見るのが
妥当だと思います。

　次に、ハナハダ（甚）についてです。まず、吉田金彦編
『語源辞典　形容詞編』の解説を引きます。

> 　上代、極端にの意を表す副詞ハダがあった。ハは
> 「端」、ダは接尾語。「多故の崎木の暗茂にほととぎす
> 来鳴き響めば波太古非米夜母（万葉集・四〇五一）。副
> 詞ハナハダは、それを重ねたハダハダからの変化とみ
> てよい。それの形容詞化した形がハナハダシである。
> （pp. 290-91）

　ここには、正しいことと正しくないことが述べられてい
ます。正しいのは、ハダの重複形ハダハダからハナハダが
生まれたという考えです。そして正しくないのは、ハダの
ハが「端」で、ダが接尾語だという説です。由来のわから
ないものを「接尾語」とするのは悪しき伝統です。

　私が考えるハダとハナハダの起源を示します。

ハダ（甚）、ハナハダ（甚）、ハナハダシ（甚し）

ハ　非（pɪuər ヒ）「〜でない」

ダ　常（dhiaŋ ジャウ）「つね」

◆　非常（ヒジョウ）「異常なこと・甚しいこと」

　舌音のｄやｔは鼻音化して舌音のｎになることがありま
す。ビダンシ→ビナンシ、ドク→ノクのように。また、漢
語の鼻（bied）が日本語のハナ（鼻）になったように。

　ミヅ（水）とソラ（空）の語源探索は厄介です。対応する漢語がなかなか見つかりません。

　まず、ミヅについて考えます。『日本国語大辞典』に12説にも及ぶミヅの起源説が載っています。「ミツ（満）の義」、「ミチイヅ（満出）の義」、「ミチタル（充足）の反」、「イヅ（出）の義」、「ミ（水）のツヅクの義」、「ミノル（実）の転」、「モレイヅ（漏出）の義」といったような説です。先学たちが知恵をしぼって考えたことはわかりますが、これが正解だといえるようなものはありません。

　これらに私の説を付け加えます。

ミヅ（水）

ミ　碧（pɪak ヒャク）「あおみどり」

ツ　水（thiuə̆r スイ）「みず」

◆　碧水（ヘキスイ）「青い水」

　このように、私の説は相変わらずの漢語起源説です。漢語の「修飾要素＋被修飾要素」が日本語の1語に対応する例はいろいろとあります。たとえば、マド（窓）は「明るい窓」を意味する明窓（メイソウ）と同源で、mɪăŋ-tsʰŭŋ の mɪă-tsʰŭ がマドに対応しています。また、クソ（糞）という語は「臭い」を意味する臭（kɪog）と「糞」を意味する屎（thier）とが合わさった形で、その kɪo-thie がクソに対応しています。

　ミヅの起源に関連して、ミナヅキ（六月・水無月）とい

う語の成り立ちにふれておきます。ミナヅキのヅキは第13話で扱ったムツキ（睦月）のツキと同じです。問題はミナです。ミナは「水」を意味するミに連体助詞のナが付属した形だといわれますが、これは大まちがいです。ミヅのヅが鼻音化してナになったのです。この音変化については第14話を参照願います。

さて次は、ソラ（空）という語です。

徘徊り往箕の里に妹を置きて心空なり土は踏めども
（万葉集2541）

この歌は「あちこちを巡り往箕の里に妹を置いてきた私の心は空っぽだ、土は踏んでいても」という意味です。ソラのこの「空っぽ」という意味は天と地の間が空漠としているという認識に根ざしたものです。そしてこれこそが、空（kʰuŋ）という漢語の原義です。「そら・天空」という意味は派生義なのです。しかしソラという日本語の原義は「空っぽ」ではないように思われます。空（kʰuŋ）と音がまったく似ていないからです。

ソラの語源説に「ソリテミル（反見）の義」、「ゾウラ（背裏）、またはソハラ（虚原）の義」などの説がありますが、私が考えるソラの原義は「青空」です。

ソラ(空)

ソ　蒼（tsʰaŋ サウ）「あお」

ラ　窿（lıoŋ ル）「アーチ形の空」

◆　蒼窿（ソウリュウ）「青空」

第16話 ナミ（波）とナゴリ（名残）

　ナミ（波）の語源を求めるには、ŋ～nという音対応を想定しなければなりません。そしてナゴリ（名残）の語源を求めるには、ḍ～nとh～kという音対応を想定しなければなりません。いずれも重要な音対応です。

　さて、ナミという語は水面に生じる起伏を表すのが基本的用法です。

馬並（な）めていざ打（う）ち行かな渋谿（しぶたに）の清き磯廻（いそま）に寄する波見に（万葉集 3954）

　ナミは比喩的に「寄る年波には勝てぬ」のように用いられるようになりましたが、「年波」とは「年老いてできる顔のしわ」のことです。

　不思議なことに、ナミの語源説には定説も通説もありません。海の波や年よりの額のしわを思い浮かべてみてください。一列に並んでいるでしょう。ナミは、「横一列に並ぶ」を意味するナム（並む）と関係があると思いませんか。私は、このナムの名詞形こそがナミの起源にちがいないと考えています。

　上に引用した歌を今一度見てください。「馬並（な）めていざ打（う）ち行かな～に寄する波見に」は「並（な）め」と「波」の使い方が絶妙です。作者は2つの語が同源であることに気づいていたかもしれません。

　こうして問題は、ナムという動詞の起源は何か、に移ります。私の考えは次のとおりです。

ナム（並む）、ナミ（波）

ナ 偶（ŋug グ）「ともがら・ならぶ」

ム 匹（pʰiet ヒチ）「たぐい・たぐう」

♦ 偶匹（グウヒツ）「2つのものがぴったりペアーになる・仲間や相手になる・夫婦になる・連れあい」

このようなŋ〜nの音対応は、額（ŋăk）「ひたい・ぬか」→ヌカ（額）、仰（ŋiak）「あおぐ」→ノク（仰ぐ）、儀（ŋiar）「のり」→ノリ（法）、魚（ŋiag）「さかな」→ナ（魚）などにも見られます。

ところで、ナゴリ（名残）はナミノコリ（波残）の変形だといわれます。しかしこれは誤解です。ナゴリと、「嵐や風がやんだ後もしばらく続く波」を意味するナゴロ（余波）の起源は次のとおりです。

ナゴリ（名残）、ナゴロ（余波）

ナ 余（ḍiag ヨ）「あまり・のこる」

ゴリ 暉（hiuər クキ）「ひかり・かがやく」

♦ 余暉（ヨキ）「日没後も空に残る光・残照」

このように「残照」が「余波」に曲解されたのは、舌音のḍが日本語で鼻音化してnになったからです。dが弱化したḍはyになるのが普通でしたが、nにもなりました。余（ḍiag）「あまる」→ノコル（残る）〔ルは動詞語尾〕、野（ḍiăg）「の」→ノ（野）、奥（ḍiug）「ぬく」→ヌク（抜く）のように。なお、h〜kの対応はkが弱化したhを日本人がk音ととらえたからです。

　マボロシ（幻）の「幻影」という意味は派生義です。紫
式部が光源氏に詠ませた次の歌におけるように、「幻術を
使う道士」というのがその語の原義でした。

> 大空を通ふまぼろし夢にだに見え来ぬ魂の行方たづね
> よ（源氏物語　幻）

　『日本国語大辞典』にマボロシの語源説が７つ紹介され
ています。そのうちの６説は、マボロシのマをメ／マ
（目）だとしています。たとえば、マボロシの語源は「マ
ホル（目惚）」であるとか、「メホロボシ（目亡）」であると
いったように説いています。そして一説は、「見ホロボス」
をマボロシの語源だとしています。
　マボロシの語源を探し出そうと先学たちは一生懸命でし
たが、探す場所をまちがえていました。ほかの和語の場合
と同様、漢語に目を向けるべきです。そうすれば、マボロ
シの語源は容易に発見できます。

マボロシ(幻)

マ	魔（muar マ）	「まもの・幻術」
ボ	法（piuǎp ホフ）	「のり・やりかた」
ロ	霊（leŋ リャウ）	「たま・たましい」
シ	子（tsiəg シ）	「こ・〜をする者」
◆	魔法（マホウ）	「人間わざではない不思議な術」
	霊子（レイシ）	「みこ（神子）、かんなぎ（巫）」

マボロシは、魔法（マホウ）と霊子（レイシ）とをつないで、mua-pిుǎ-le-tsiə（中古音は mua-pిుʌ-le-tsiei）をマボロシに変えただけの言葉です。マホウレイシとしたら漢語のままだから、これを和語に仕立てようとしたのです。マボロシはれっきとした和語にほかなりません。

　では、ウツツ（現）はどうでしょうか。

　現にも夢にもわれは思はざりき古りたる君に此処に逢はむとは（万葉集2601）

　ここではウツツがイメ（夢）と対比して使われています。ウツツに「現」という漢字があてられることも考慮すると、ウツツの原義は「現実」だといえそうです。

　ウツツの語源説を見てみましょう。「原語はウツ（現）でウツウツの約」とか「ウツシ（顕）」の語源はウツを重ねたウツウツの約」といった説は真っ当に思えますが、「ウツウツ（全々）の約」とか「ウツウチ（虚内）の約」といった説は話になりません。私の説は次のとおりです。

ウツツ（現）、ウツシ（現し）

ウ　　現（ɦiān ゲン）「あらわれる・あらわす」

ツツ　　実（diet ジチ）「み・みのる・まこと」

◆　現実（ゲンジツ）「現存の事実や状態」

　補足があります。「確かだ」を意味するウツナシ（決し）はウツツと同源といわれますが、そのウツはウツムナシ（決し）のウツムと同様に、疑点（ŋิəg-tām）が語源です。

　静岡県掛川市の東のはずれに寂びれた公園があって、そこに小夜の中山峠を偲ぶ歌碑が建っています。

　　年たけてまた越ゆべしとおもひきや命なりけりさやの
　　中山（西行法師）

　この歌は、1186年の秋、生涯2度目の難所越えに、晩年69歳の西行が漂泊者として歩んできた人生をイノチ（命）、すなわち自分の運命だと詠んだものです。
　イノチの「運命」という意味は派生義です。この語の構成について、『岩波古語辞典』はこう説いています。

　　イは息（イキ）、チは勢力。したがって、「息の勢い」
　　が原義。古代人は、生きる根源の力を眼に見えない勢
　　いのはたらきと見たらしい。だからイノチも、きめら
　　れた運命・寿命・生涯・一生と解すべきものが少なく
　　ない。（p. 125）

　私の見方は違います。イノチは次のような成り立ちの語でしょう。

イノチ（命）

イノ　生（sïeŋ シャウ）「いきる・いかす」
チ　　身（thien シン）「み・からだ」
　◆　生身（セイシン）「体・身体・肉体」

イノチは sïeŋ-thie に対応しています。もとはシノチといったはずです。ŋ～n の対応は第16話でふれました。

次は、ウツソミ（うつそみ）についてです。ウツソミはウツセミ（うつせみ）の古形で、次の歌におけるように、「この世・この世の人」という意味です。

うつそみの人にあるわれや明日<ruby>明日<rt>あす</rt></ruby>よりは<ruby>二上山<rt>ふたかみやま</rt></ruby>を<ruby>弟世<rt>いろせ</rt></ruby>とわが見む（万葉集165）

ウツソミの語源説に、「ウツシミ（現身）の転か」という説があります。これに対して、ミ（身）は上代では mï の音、ウツソミのミは mi の音だから「現身」とする説は誤りで、ウツソミは「ウツシ（現し）オミ（臣）の約」（『岩波古語辞典』）という説があります。

私が提案する説は、「現身」説にちょっと似ています。

ウツソミ（うつそみ）、ウツセミ（うつせみ）
ゥ　現（fiān ゲン）「あらわれる・あらわす」
ッ　実（diet ジチ）「み・みのる・まこと」
ソ　生（sïeŋ シャウ）「いきる・いかす」
ミ　命（mïeŋ ミャウ）「天からの使命・いのち」
◆　現実（ゲンジツ）「現在の事実の情態」
　　生命（セイメイ）「命」

ウツソミ／ウツセミは fia-die-sïe-miě に対応する形です。このウツはウツツ（現）と同源です。ウツツソミのようにしなかったのは音調を考えてのことでしょう。

第19話　クジ(籤)とウラナヒ(占ひ)

クジ(籤)は神意を占ったり、当落や順番を決めたりするのに使われました。日本書紀に「秋は籤挿し、馬伏す」(神代上)とあるので、クジのもともとの発音はクシであったと考えられます。

『日本国語大辞典』にクジの語源説が4つ紹介されています。「桿条を意味する原語クシから」という説、「クシ(串)から」という説、「クジル(抉)から」という説、クジ(公事)から」という説です。これらのうち、クシ(串)がクジの語源だという説が有力視されているようです。木村紀子著『原始日本語のおもかげ』に、「クジは、おそらくクシ(串)に通ずると見られ、その呼称のもとには、神前で竹筒などに挿したハシ(箸)状の串を撰び取って、神意を伺うことがあったのではないだろうか」(p. 127)という見解が見られます。

私はクジの語源を次のように考えています。

クジ(籤)

- ク　牙(ngǎǎg ゲ)「きば」
- ジ　籤(tsʰiam セム)「くじ」
- ◆ 牙籤(ガセン)「書籍の標題を書いて、分類の見分けとして用いられた象牙製の札」

クジは、それを行う道具が書籍を分類するための象牙製の札に似ていたことに根ざした言葉だと思われます。

さて、ウラナヒ(占ひ)の語源は何でしょうか。ウラナ

ヒはウラナフ（占ふ）の名詞形であることはわかります。そして、ウラナフがウラ（占）にナフが付いたものであることもわかります。

ウラという語は古くからある言葉です。

> 夕ト<ruby>夕ト<rt>ゆふけ</rt></ruby>にも占<ruby>占<rt>うら</rt></ruby>にも告<ruby>告<rt>の</rt></ruby>れる今夜<ruby>今夜<rt>こよひ</rt></ruby>だに来まさぬ君を何時<ruby>何時<rt>いつ</rt></ruby>とか
> 待たむ（万葉集 2613）

上の歌の「夕ト<ruby>夕ト<rt>ゆふけ</rt></ruby>」というのは「夕方の辻に立って往来する人の話を聞いて吉凶を判断する占い」のことで、「占<ruby>占<rt>うら</rt></ruby>」というのは卜部、つまり卜占を職業とする人が行う本物の占いのことです。

従来の説では、ウラの語源はウラ（心）であるとかウラ（裏）であるとかいわれますが、まったく違います。ウラは、もっとむずかしい専門用語をもとにして作られた言葉です。それはこういう言葉です。

ウラ（占）

ゥ　扶（bɪuəg ブ）「たすける・しごと」

ラ　鸞（bluan ラン）「想像上の鳥の名」

◆　扶鸞（フラン）「占いの一種で、砂盤の上に吊した弓の動きで神意が示されるというもの」

ウラはフラに由来する形のようです。そして占いは卜占官<ruby>官<rt>なりわい</rt></ruby>の生業だったので、ウラナヒのナヒは業（ŋɪăp）に由来する形でしょう。ŋ〜n の対応は第16話でふれたのでそこを参照してください。

シラミ（蝨）がどこかにいるのかと思われるほど日本は
清潔ですが、私が幼少のころはシラミだらけでした。とは
いえ、この目で見たという記憶はありません。また、キサ
サ（蟣）は「シラミの卵」のことで、母音交替形のキサシ
（蟣）には「シラミ」という意味もあるということです
が、これは辞典を通じて得た知識です。この意味におい
て、私がキササとシラミの語源を論じることには少なから
ず引け目を感じます。

さて、キササの語源説に、「背にキザキザがあるところ
からキザキザの略」という説や、「髪に蟣が生みつけられ
るとカミ（髪）がシラゲル（白）ところから、カミシラシ
ラの反」といった説があります。残念ながら、私には「カ
ミシラシラの反」の意味がわからないので、この説の正否
を論じることはできません。

これに比べると、私が提案するキササの語源説はすこぶ
る簡単です。賛同を得られるかどうかは別にして。

キササ（蟣）、キサシ（蟣）

- キ　蟣（kɪər ケ）「しらみのたまご」
- ササ　蝨（sïet シチ）「しらみ」
- ◆　蟣蝨（キシツ）「しらみの卵としらみ」

キササはシラミの卵もシラミの成虫も表したと思いま
す。キサシも同様です。一方の意味をキササで表し、他方
の意味をキサシで表すというのは面倒ですから。

次は、シラミ（蝨）についてです。吉田金彦編著『語源辞典 動物編』の解説を見てみましょう。

> 『日本国語大辞典』では、シラムシ（白虫）の約、シ
> ロミ（白虫）の義、白齧の意、シラノミ（白飲）、ソウ
> チウラムシ（衣内裡虫）、シロミ（白身）、シロミ（白
> 見）の七説を紹介しているが、『大言海』のいうシラ
> ムシ（白虫）の約説が『東雅』のいうシラカミ（白齧）
> 説よりもすぐれている。というのは前者がムシ→ミに
> なる方が、後者のk音脱落より言語として考えやす
> いからである。『大言海』をもって定説としたい。
> （p. 136）

私はこの考えに承服できません。イモムシ、マムシ、ク
ワガタムシなど、ムシ（虫）が下接する語は数え切れない
ほどありますが、ムシ→ミという変化は起きそうにありま
せん。これが「言語として考えやすい」というのは変で
す。「言語として途方もなく考えにくい」というべきでは
ないでしょうか。

私は、シラミの語源をこう見ます。蝨（sïet）「しらみ」
＋卵（ĝluan）「たまご」がシラミの語源にちがいありませ
ん。sïe-ĝluan の ĝ を欠いた sïe-luan がシラミになったので
す。ですから、シラミの原義は「シラミの卵」であったこ
とになります。

なお、私のこの語源説には n〜m という音対応を想定
する必要がありますが、漢語の語末音 n が日本語で m に
なる例はいっぱいあって、次の話にも出てきます。

　ツマ（端）という語からはじめます。これは「はし・へり・きわ」という意味を表す漢語の端（tuan）と同源です。n〜mという音対応は第20話で見ましたが、これが普通の音対応であったことを確認するために、君（kıuən）→キミ（君）、浜（pien）→ハマ（浜）、船（diuən）→ツム（船）、蟬（dhian）→セミ（蟬）という対応例を補足しておきます。

　さて、ツマ（端）を使った複合語にツマヤ（妻屋）という語がありました。ツマヤとは結婚する夫婦のために建てた家のことです。小屋といった方がいいかもしれません。親が住んでいる本家のツマに建てたのでツマヤというわけです。語源に忠実な漢字表記をすれば、ツマヤは「端屋」です。「妻屋」の「妻」はあて字にすぎません。

　あて字といえば、ツマド（妻戸）やキリヅマ（切り妻）の「妻」も同じです。しかしこのツマはツマ（端）とは違います。どの辞典もこれらの語源を同一視していますが、ツマドはもともと殿舎の側面に設けた扉のこと、キリヅマはスパッと切ったような形状をした家屋の側面のことですから、このツマの基本義は「側面」です。だから、このツマは下の tsïək-mian の tsïə-mia に対応する語です。

ツマ（妻）

- ッ　側（tsïək シキ）「かたわら・わき」
- マ　面（mian メン）「おもて・がわ・むき」
- ◆　側面（ソクメン）「横側の面・ある一面」

ツマヤ（妻屋）のツマとツマド（妻戸）のツマを同一視するくらいの誤りは些細です。ツマの語源説には別の重大な過ちがあります。次の例を見てからそれを指摘します。

　　……我はもよ　女にしあれば　汝を除て　男はなし
　　汝を除て　夫はなし（古事記　歌謡5）

　このようにツマが「夫」をも表したことは周知の事実で、問題はありません。問題は、ツマ（妻・夫）の起源です。『岩波古語辞典』は、この語を「結婚にあたって、本家の端（つま）に妻屋を立てて住む者の意」としています。ツマヤのツマからツマ（妻・夫）が生まれたというのです。一方、前田富祺監修『日本語源大辞典』は、この語を

　　「つま（端）」と同じく、本体・中心からみて他端のもの、相対する位置のものの意。（p.781）

と説いています。「相対する位置のもの」というのは本質を突いていますが、ツマ（端）と結び付けて「本体・中心からみて他端のもの」というのは牽強付会です。
　ツマ（妻・夫）という語は、上で扱った2つのツマとは無縁です。下の tuəd-pʰiet の tuə-pʰie に対応する語です。

ツマ（妻・夫）
ッ　対（tuəd タイ）「あいて・つれあい」
ﾏ　匹（pʰiet ヒチ）「たぐい・対をなす」
　◆　対匹（タイヒツ）「つれあい・配偶者」

第22話 ミミ（耳）とキク（聞く）

　身体部位を表す和語は、1つを除いて、漢語との関係が
はっきりしています。たとえば、テ（手）は手（thiog）の
thio に対応し、メ（目）は目（mɪuk）の mɪu に対応してい
ます。クビ（首）は「位・首」を意味する級（kɪəp）と同
源です。また、カホ（顔）は「顔かたち」を意味する顔貌
（ガンボウ）と同源で、その ŋăn-mŏg の ŋă-mŏ がカホと対
応しています。さらに、アシ（足）は「人の足」を意味す
る方趾（ホウシ）と同源で、その pɪaŋ-tiəg の pɪa-tiə がハシ
を経てアシになったと考えられます。

　語源がはっきりしない身体部位の名はミミ（耳）です。
次の歌を出発点にして、その語源を探ってみます。

　　わが聞きし耳に好く似る葦のうれの足痛〔あしひ〕くわが背勤め
　　たぶべし（万葉集 128）

　ミミという語には、「音を聞く器官」以外に、「聞くこ
と・聞く能力」という意味がありました。また、上の歌に
おけるように、かつては「聞いたこと・聞いた話」という
意味もありました。このことから、ミミは動詞から派生し
た名詞ではあるまいか、という考えが生まれます。そして
その動詞はミムという形態だったと推定されます。

　こうして、「聞く」を意味するミムに対応する漢語を探
したとき、聞（mɪuən）が見つかります。まさしくこれが
ミミの語源です。たとえば、スキ（鋤）が「鋤くためのも
の」であるように、またカガミ（鏡）が「鑑〔かんが〕みるための

もの」であるように、ミミの原義は「聞くためのもの」であったと考えられます。先史日本語にミムという動詞が存在したにちがいないのです。

なお、漢語のmıuənが日本語でミムになることは十分に可能です。mıuəはごく自然にミになります。語末のnもごく自然にムになります。n〜mの対応は第20話と第21話でもふれました。

このように「聞く」という意味を表す語がミミという語になったとして、キク（聞く）という語がどこから来たのでしょうか。これも、ミミの語源探索と同じくらいにむずかしい問題です。

この難問を解くために、私はキクという動詞が次のように能動性の低い意味を表すことに注目しました。

　神の如聞ゆる滝の白波の面知る君が見えぬこのころ
　（万葉集 3015）

「滝の音が聞こえる」というのは、「滝の音がする」というのとほとんど同義です。「音がする」を英語でいえば、sound「音がする・ひびく」でしょう。そしてsoundを漢語でいえば、響（hıaŋ）「ひびく・ひびき」です。

さて、この響（hıaŋ）と日本語のキクとの間に音対応が認められるでしょうか。hはkなどが弱化した音ですが、前にもふれたように、日本語のkと頻繁に対応します。そして、hıaŋのŋはキクのクと対応関係にある、と明確にいえます。ですから、キクという動詞は漢語の響（hıaŋ）にその起源を求めることができるのです。

第23話　ココロ（心）とタマシヒ（魂）

ココロ（心）という語について、『岩波古語辞典』は次のように説いています。

> 生命・活動の根源的な臓器と思われていた心臓。その鼓動の働きの意が原義。そこから、広く人間が意志的、気分・感情的、また知的に、外界に向って働きかけて行く動きを、すべて包括して指す語。(p. 488)

ココロの漢字表記が心臓を表す「心」であり、心臓は思考を司る臓器であると昔の人は信じていたようですから、ココロという語の起源を心臓に求めようとする気持ちはわかります。しかし、「心」という表記が当て字かもしれないかと疑ってみなければなりません。そして、心臓の鼓動が本当にココロと聞こえるかと疑ってみることも必要です。私にはそのように聞こえません。

私は、ココロが次のような成り立ちの語だと思います。

ココロ（心）
- コ　　胸（hiuŋ ク）「むね・おもい」
- コロ　懐（fiuər クエ）「いだく・ふところ」
- ◆　胸懐（キョウカイ）「思い・心の中」

h〜kの音対応はすでに説明しましたので、ここではfi〜kの音対応について説明します。fiはkなどの音が弱化して生まれたと考えられます。専門的にいうとfiはhの

有声音、通俗的にいうと ɦ は h の濁ったような音です。日本の漢字音では、一般的にカ行・ガ行子音になっています。要は、h〜k という音対応が認められるように、ɦ〜k という音対応が認められるということです。

さて、次はタマシヒ（魂）という語についてです。この語の成り立ちに関しても、従来の説明に深刻な過ちが認められます。

『岩波古語辞典』は定説に従って、タマシヒのタマはタマ（魂）と同じものだと説いています。これは問題ありません。私もそう思います。問題は、このタマについての次の解説です。

> タマ（玉）と同根。未開社会の宗教意識の一。最も古くは物の精霊を意味し、人間の生活を見守りたすける働きを持つ。（p. 823）

これも定説に沿った説明でしょうが、どうしてこんなことがいえるのか不思議です。私の理解をまとめると、こうなります。タマ（玉）という語は「まるい」を意味する団（duan）と同源です。一方、タマ（魂）という語は「きも・こころ」を意味する胆（tam）と同源です。そしてタマシヒは、心（siəm）に対応するシヒをそれに付け足した言葉です。

タマシヒ(魂)
タマ　胆（tam タム）「きも・こころ」
シヒ　心（siəm シン）「心臓・こころ」

サクラ（桜）の語源を、吉田金彦編著『語源辞典 植物編』はこう説いています。

> 古来日本人の愛し称えてやまない「桜」であるだけに、ことば上の関心も高く、語源説もきわめて多い。「桜」の思い入れの深さがわかる。『日本語大辞典』には十二説もよく集めてあるが、ほとんど「桜」に対する信念のあらわれである。……言語的成立の動機として「桜」はサク（咲ク）の語音がそのまま映されていると見るのが正解であろう。ラは接尾語である。サクラ（桜）は「咲クーラ」で簡単明快。これでよい。（pp. 103-104）

サクラのサクを「咲く」と見ると、ラが宙に浮いてしまいます。そこで、ラを「接尾語」という「ゴミ箱」の中に放り投げて一丁上がりにしています。「これでよい」というのは呑気です。

サクラの語源は、昔のサクラが山桜であったことを勘案して、次のように考えたらどうでしょう。

サクラ(桜)

サ	山（sǎn セン）	「やま」
クラ	花（huǎr クェ）	「はな」
◆	山花（サンカ）	「山の花」

ここに示したように、サクラのラは huǎr の語末音 r の

反映形だと見るのが自然です。なお、h〜kの音対応は第22話と第23話を参照してください。

　次はサクラマス（桜鱒）の語源についてです。サクラマスのサクラはもちろんサクラ（桜）のことですが、どうしてこの語が魚を表す語の前に付いているかは定かでありません。正確にいうと、定かでないと思っているのはこの私です。

　一般には、海で成熟したサクラマスがサクラの咲く季節になると生まれた川に帰って来るからサクラマスと呼ばれるといわれています。従来の語源説ではそういうことです。しかし、本当にそうでしょうか。

　まず、マス（鱒）の語源を考えてみます。マスというのは一般にサクラマスのことですが、ニジマス（虹鱒）やベニマス（紅鱒）なども含めて、マスといいます。そしてマスの語源は「マス（増）で、繁殖力の旺盛なことをいったもの」といった説がありますが、私は次のように見るのが正しいと思います。

マス（鱒）

マ　　美（mɪuər ミ）「うつくしい・よい」

ス　　色（sïək シキ）「いろ・いろどり」

♦　　美色（ビショク）「美しい色」

　マスは、サケ科の魚特有の魚肉の美しさに注目した名前だと思います。そしてサクラマスは、魚肉の色が桜色を連想させたことによる名前だと思います。馬肉をサクラというのも同じです。

第25話　トフ（問ふ・訪ふ）とコタフ（答ふ・応ふ）

　トフ（問ふ・訪ふ）の意味は大きく2つに分けることができます。「質問する」と「訪問する」という意味にです。

　　誰（た）そ彼（かれ）と問はば答へむすべを無み君が使を帰しつるかも（万葉集2545）
　　ひぐらしの鳴く山ざとの夕ぐれは風よりほかにとふ人もなし（古今集　秋上205）

　このように「質問する」を意味するトフと「訪問する」を意味するトフはもともと別の語であったという説がある一方で、同一の語の意味が分化したという説があります。『岩波古語辞典』の次の見解は後者に属します。

　　何・何故・如何に・何時・何処・誰などの疑問・不明の点について、相手に直接にただして答えを求める意。従って、道をきき、占いの結果をたずね、相手を見舞い、訪問する意の場合も、その基本には、どんな状態かと問いただす気持がある。（p. 945）

　なるほどと思わせる解説です。しかし、これはトフという動詞の語源にもとづいた見解ではありません。語源のことは何も述べられていません。
　考えてみれば、トフの語源を日本語のなかにのみ求めていては、何もわからないでしょう。トフのフが語尾としたら、トはト（戸）だろうかと思うくらいです。しかし、漢

語の中を探すと、答えがすぐに出てきます。

トフ(問ふ・訪ふ)
ト　弔（tög テウ）「とむらう・いたむ」
フ　問（mɪuən モン）「とう・たずねる」
◆　弔問（チョウモン）「遺族を訪ねて慰める」

　私が考えるこの語源説が正しければ、トフの原義は「人の死をいたみ遺族を訪ねて、その様子や気持ちを尋ねる」ことです。トフという語は、はじめから「訪れる」という意味と、「質問する」という意味とを内包していたと見るべきでしょう。
　トフの話はこれだけです。次は、トフの対語ともいえるコタフ（答ふ・応ふ）の語源を考えてみましょう。この語は３音節語だからトフよりも語源探索が容易であると先学たちは思ったはずです。
　コタフの語源説に「コトアフル（言合）の約」という説があって、これがいちばん有力な説と見られているようです。しかし、この説は受け入れられません。次のように考えるのが自然です。

コタフ(答ふ・応ふ)
コ　回（ɦiuər エ）「まわる・かえす」
タフ　答（təp トフ）「こたえる・こたえ」
◆　回答（カイトウ）「質問に対して返事をする」

　なお、「回」の漢字音は呉音がエで、漢音がカイです。

　ここで扱うのはカタミ（形見）とカタミ（互）という同音異義語です。はじめに、前者の例を示します。

　　逢はむ日の形見（かたみ）にせよと手弱女（たわやめ）の思ひ乱れて縫へる衣（ころも）そ（万葉集 3753）

　カタミとは「死んだ人や別れた人を思い出すよすが」、簡単にいえば「思い出の品」のことです。
　この語の語源説は2つあります。1つは「その人の形を見ることから」という『大言海』の説です。そしてもう1つは、「ミカタ（身形）の逆語序で、身代り、身のカタの意」という折口信夫の説です。
　これら2つの説のどちらかを選べといわれたら『大言海』の説にします。というのも、「逆語序」というのは先学がよく使う手法ですが、現実的ではないように思われるからです。しかし、『大言海』の説に肩入れするつもりはありません。次のように考えるのがよいと思うからです。

カタミ（形見）
- カ　化（huǎr クェ）「かわる・かえる」
- タミ　身（thien シン）「み・からだ」
- ◆　化身（ケシン）「神仏がその姿を変えてこの世に現れたもの・機に応じて形を変える仏身」

　カタミは仏教用語の化身（ケシン）を土台にした和語だ

と思います。その huǎ-thien という音は、h〜k、n〜m の音対応によって、カタミに変形することができます。

　次は、カタミ（互）についてです。この語は、次のように助詞のニ（に）を伴って「たがいに」を意味しました。

> 「形見にしのび給へ」とて、いみじき笛の名ありける
> などばかり、人咎めつべき事はかたみにえしたまは
> ず。（源氏物語　須磨）

　この例はカタミ（形見）とカタミ（互）の関係を考えよといわんばかりの例です。折口信夫はカタミ（互）の起源をカタミ（形見）をたがいに取りかわす行為に求めていますが、支持を得ているのは『大言海』の「カタミは片身の意か」という説です。これに対して、私はこう考えます。

カタミ（互）

　カ　　互（ɦag ゴ）「たがい」
　タミ　相（siaŋ サウ）「たがい」
　◆　　互相（ゴソウ）「たがい・相互」

　問題は、siaŋ がタミになるかどうかです。s〜t の音対応は珍しくありませんでした。これは、かつてのサ行子音がおそらく〔ts〕であったことに関係しています。ŋ〜m という音対応も一般的でした。ちなみに、「竹かご」を表すカタミ（筺）は同じ意味の筺箱（キョウソウ）と同源で、その kʰɪuaŋ-siaŋ の kʰɪua-siaŋ の部分がカタミと対応しています。

　「食べる」ことを表す動詞はいろいろで、語源探索の難易度もいろいろです。

　まず、タブ（食ぶ）という動詞がありました。タベル（食べる）の古形です。この語はタブ（賜ぶ）に由来するという考えが定説になっていますが、本当は漢語の啗（dam）「くう・くらわす」に由来する語です。

　また、古くは「食わせる・飲ませる」を意味するタグ（食ぐ）と、「食べ飲みこむ」を意味するスク（喰く）という語がありましたが、これらの語の起源は漢語の食（diak）「たべる」です。

　さて、クフ（食ふ）の起源は何でしょう。あれこれ考えた末に、次のような対応関係があることに気づきました。

　　　衒（ɦəm ゲム）「はむ・くわえる」
　　　　　　　↓
　　クフ（食ふ）、ハム（食む）

　第23話で述べたように、ɦはhの有声音、つまりhの濁ったような音です。「衒」の漢字音は、呉音がゲムで、漢音がカムです。kやgが弱化して生まれたと考えられるɦの音が一方で日本語のカ行子音と対応し、他方でハ行子音と対応していることに違和感はありません。また、唇音のmは、同じ唇音のpやmと同様に、日本語でマ行子音にもハ行子音にもなるので、クフとハムが同源のペアーであるという論は成り立ちます。なお、クハフ（衒ふ）とい

う語の起源は「口（kʰug）＋銜（ɦɜm）」であり、kʰu-ɦɜm がクハフになったと見なされます。これは、「口に銜える」を意味する銜口（カンコウ）という熟語を意識して作った言葉だと思います。

　無縁だと思われていた2語が実は縁続きであったとわかる例は、クフとハムに限ったことではありません。語源不詳とされる語の起源は思わぬ所にある、という発想が必要だと思います。このことは、クラフ（食らふ）という語についてもいえそうです。

　　「奥山に猫またといふ物、人を食らふなり」と人の言ひけるに、……（徒然草89段）

　クラフは飲食する行為を卑しめていう語です。このことはどの辞典にも書いてあります。しかし語源に関しては定説も通説もありません。まさに語源不詳です。クラフは私にも謎の言葉でしたが、ある日、何かの拍子に次の考えがひらめきました。

クラフ（食らふ）
- ク　　飢（kɪɜr キ）「うえる」
- ラフ　狼（laŋ ラウ）「おおかみ」
- ◆　飢狼（ガロウ）「飢えた狼・貪欲」

　クラフの原義は「飢えた狼」です。クラフのフは laŋ の ŋ に対応しています。牙音と呼ばれる漢語の k、g、ŋ などが弱化してハ行音となった例は腐るほどあります。

第28話　ツガフ（継がふ・番ふ）とタグフ（偶ふ）

　ここで取りあげる日本語は、語末のフが漢語のpと対応している語と、漢語のgと対応している語です。

　はじめは、ツガフ（番ふ・継がふ）という語についてです。この語が表す意味は大きく2つに分けられます。一方は「伝承する」という意味で、もう一方は「2つのものが1組になる・組み合わせる」という意味です。前者の意味は「継がふ」と表記され、後者の意味は「番ふ」と表記されるのが通例です。

　さて、問題はツガフの成り立ちです。従来の語源説に、「ツギアフ（継合・接合）の義」、「ツグ（次）の延」、「ツギの延で、継交の義」、「ツギカハス（継交）の義」、「ツレカフ（番交）またはツレカハス（連交）の義」、ツケクハフ（着加）の義」、「ツツキアヒの約転」という説があるということです。これらのうち、最初のツギアフ説、つまりツギアフがツガフに約ったという説がいちばん有力だと見られています。

　この説はそれほど不自然には感じません。しかし、次のように見るのがもっともよいと思います。

ツガフ（番ふ）、ツグ（接ぐ・次ぐ・継ぐ）、ツガル（番る）

ッ　　接（tsiap セフ）「つぐ」

ガフ　合（ɦɪəp ゴフ）「あう・あわせる」

　◆　接合（セツゴウ）「つぎ合わせる・くっつく」

　ツガフはtsia-ɦɪəpに対応し、ツグはtsia-ɦɪəに対応して

います。そしてツガルは tsia-ɸə に対応するツガに動詞語尾のル（る）が付いた形です。

　ツガフの話はまだおわりません。大事な話がまだ残っています。それは、ツガフの「伝承する」という意味の由来についてです。これは「接合する・つぎ合わせる」という意味から派生したと考えられています。これは自然な解釈です。しかし、「語り継ぐ」のツグも含めて、次のような語形成の可能性もあると思います。

ツガフ (継がふ)、ツグ (継ぐ)
ッ　　伝 (dɪuan デン)「つたえる・つたわる」
ガフ　教 (kɔg ケウ)「おしえる・おそわる」
◆　　伝教 (デンキョウ)「政治と宗教を伝える・教えを受
　　　　け継いで人に伝える」

　次はタグフ（偶ふ）の起源についてですが、これにも少しややこしい問題があります。タグフの起源説には「タテナラブの約略」、「タクミ（手組）の義」といった説がありますが、タグフの本当の語源はこれでしょう。

タグフ (偶ふ)、タグヒ (類)、ツガフ (番ふ)
ッ　　対 (tuəd タイ)「むきあう」
ガフ　偶 (ŋug グ)「ともがら」
◆　　対偶 (タイグウ)「2 つそろったもの・対」

　「一組の物・雌雄の組」を表すツガヒはツガフの名詞形です。蝶番（ちょうつがい）のツガイとは起源が異なります。

第29話　ヲサ（長）とヲサ（訳語・通事）

　音対応の話はいよいよ山場にさしかかります。ここで問題となるのはワ行音の出自です。ワ行音のあとはヤ行音になり、それで厄介な音対応はほぼ出尽くしになります。

　ワ行音はワ（wa）、ヰ（wi）、ヱ（we）、ヲ（wo）で、wの音をワ行半母音と呼びます。母音のような子音であり、歴史的には新しい音です。どの言語でもそのようです。上古漢語や中古漢語には、wの音はありませんでした。ですから、日本語のwが漢語のどの音と対応しているかを突きとめるのは簡単ではありません。

　ヲサ（長）の話に入ります。ヲサは「仲間の長・一定の行政区域をとりしきる長」のことです。次の例文に見えるサトヲサ（里長）は、「村の長・村長」という意味です。

> ……楚取る　里長が声は　寝屋戸まで　来立ち寄ば
> ひぬ　かくばかり　術無きものか……（万葉集892）

　これは箠を持った村長の声が貧乏人の寝屋戸まで来て叫んでいる様子をやりきれない気持ちで詠っている場面です。里長は非情な人にしか勤まらなかったのでしょうか。

　『岩波古語辞典』によれば、ヲサはヲサム（治む）のヲサやヲサナシ（幼し）のヲサと同源だということです。しかし、違うと思います。第3章で扱うべき語形成を先走っていってしまうと、ヲサムの成り立ちは、「抑（・ɪək）＋制（tiad）＋伏（bɪuək）」で、・ɪə-tia-bɪuə がヲサムに対応しています。また、ヲサナシのヲサナは、幼（・ɪɔg）＋少

（thiəɡ）＋年（nen）」の・ɪə-thiə-ne に対応します。（私は拙著『弥生言語革命』の中でオサナシのナシをうかつにも強意の形容詞語尾だといってしまいました。）

おかしな発音記号の・はɦやhの仲間で、消滅寸前の音です。これが日本語のwと対応しています。そして私の考えでは、ヲサのwは次のようにɦと対応しています。

ヲサ（長）

ヲ　雄（ɦɪuəŋ ウ／ユ）「おす・おおし」

サ　長（tɪaŋ ヂャウ）「おさ・かしら」

◆ 雄長（ユウチョウ）「勢力が盛んな人」

これがヲサの語源です。ヲサは ɦɪuə-tɪa に対応しています。ɦは日本語の漢字音で一般にカ行・ガ行子音になりますが、ここでは違っています。

ところで、「通訳」を意味するヲサ（訳語・通事）について『岩波古語辞典』は「ヲサ（長）と同根か」といっていますが、違います。次のように見るべきでしょう。

ヲサ（訳語・通事）

ヲ　蒲（buag ブ）「がま」

サ　叉（tsʰăr シャ）「はさむ」

◆ 蒲叉（ホサ）「通訳」

日本語のwは漢語の唇音b、m、pとも対応しました。なお、ヲサの原義は「蒲を差しはさむこと」、つまり「クッションとしての役をつとめること」です。

第30話　サヲ（さ青）とサメ（雨）

　昔、サヲ（さ青）という語がありました。サヲは、サア
ヲの約で、サは接頭語だといわれます。そしてその意味は
「まっさお。また、青白いさま。」（『岩波古語辞典』）だとい
われます。しかし、次の歌に見えるサヲが単に「青い」と
いう意味ではない、という根拠はありません。

　　人魂のさ青なる君がただ独り逢へりし雨夜の闇そ思ほ
　　ゆ（万葉集 3889）

　先学たちは、アヲがサヲよりも古い形だと思いこみ、サ
の由来を十分に考えないまま、これを接頭語だとして処理
しましたが、私はこういう見方をしません。私はサヲが本
来の形で、アヲはその語頭子音を失った形だと思います。
そのうえで、

　　青（tsʰeŋ シャウ）「あお」 → サヲ／アヲ（青）

という語形成があったにちがいないと考えます。そして、
マッサヲ（真っ青）という表現の中に本来のサヲという形
が残ったのだと考えています。
　このような変化を想定するには ŋ 〜 w という音対応の
裏付けが求められます。そういうものとして、

　　我（ŋar ガ）「われ・わが」 → ワレ／ワロ／アレ（我）
　　吾（ŋag グ）「われ・わが」 → ワガ／アガ（我が）

という対応を示しておきます。ŋ〜wの音対応は、k、g、ŋなどの牙音が喉音のɦやhに弱化し、さらにwへと弱化したことを反映しているのではないでしょうか。

　ところで、アヲとサヲとの関係はアメ（雨）とサメ（雨）との関係に似ています。サメはハルサメ（春雨）、アキサメ（秋雨）、ヒサメ（氷雨）などの複合語に現れますが、これは母音の連続を避けるためにsが挿入されたと一般に説明されます。しかし、オオアメ（大雨）は母音が3つ続きますが苦になりません。それに、考えてみてください。なぜ、sが選ばれたのですか。kやmやtではなくて。

　サメの場合も、サメがもとの形で、アメは語頭子音を失った形ではないかと疑ってみることが必要です。そうしてみると、次の関係が頭に浮かびます。

$$
湿（thiəp シフ）「しめる」 \rightarrow
\begin{array}{l}
シム（湿む） \\
シメス（湿す） \\
サメ／アメ（雨） \\
シフ（痺ふ） \\
シビル（痺る）
\end{array}
$$

　このように、サメ／アメは漢語の湿（thiəp）に由来する語だと思います。こう考えると、サメ／アメはシムやシメスだけでなく、サミダレ（五月雨）のサミとも同源であることが知られます。なお、「感覚・機能を失う」を意味するシフや、「しびれる」を意味するシビルは、漢方の医術で身体の痺れは湿気によって起こると信じられていたことによって生まれた言葉です。

　キツネ（狐）とワタツミ（海神・海）の語源は、思わぬ
ところでつながっています。
　キツネの語源説はさまざまで、『日本国語大辞典』に15
にも及ぶ説が記載されています。そのなかの2つをここ
で紹介してみましょう。
　1つは、「キツ」はその鳴き声から。ネは添えた語、あ
るいは、稲荷神の使いと信じられていたことから尊敬のネ
か」という説です。もう1つは、「鳴くネ（音）がキツイ
ことからか。また、キは黄か。ツは人にツクところから。
ネは人の寝ているところへきておびやかすことからか。あ
るいは女に化けて人と生活を共にすると考えられていると
ころから、オキツネツ（起寝）か」という思いついたこと
をてんこ盛りにした、数を打てば当たるといったような説
です。しかし、どれもこれも的をはずしているように思わ
れます。
　私の説は、次のようにさっぱりしています。

キツネ(狐)

キ　狐（ɦuag グ／ゴ）「きつね」
ツネ　神（dien ジン）「かみ」
　◆　狐神（コシン）「狐の神さま・お狐さま」

　キツネは ɦua-dien に対応しています。
　ちなみに、タヌキ（狸）は「豚（duən）＋犬（kʰuən）」が
語源で、duən-kuə がタヌキに対応しています。豚犬（トン

ケン）は「愚かな子」の喩えとして使われる言葉ですから、キツネとタヌキは同じイヌ科の動物であっても、名前に格差が付けられています。

次は、ワタツミについてです。この語の本来の意味は「海神」でしたが、次のように「海神のいる所・海」という意味も生まれました。

> 海若のいづれの神を祈らばか行くさも来さも船の早けむ（万葉集 1784）

ワタツミには広く受け入れられている起源説があります。ワタツミは「海つ霊」の意で、ツは連体助詞だという説です。しかし、この説はまちがっています。ツという連体助詞はありませんし、ミ（霊）という語もありません。

ワタツミは、こういう成り立ちの言葉です。

ワタツミ（海神・海）

- ワ　　海（m̥əg カイ）「うみ」
- タ　　上（dhiaŋ ジャウ）「あたり」
- ツミ　神（dien ジン）「かみ」
- ◆ 海上（カイジョウ）「海や湖のほとり・辺鄙な地・海の上・海の上空」

ワタツミは、m̥ə-dhia-dien に対応します。同じ dien がキツネでツネになり、ワタツミではツミになりました。m̥ 〜 w の対応は、尾（mɪuər）「しっぽ」→ヲロ（尾ろ）や、罠（mɪən）「わな」→ワナ（罠）が裏付けとなります。

第32話 ヲトコ(男)とヲトメ(少女・処女・乙女)

　ヲトコ（男）の語源説は、どの辞典も「右へならえ」です。だからその過ちも「右へならえ」です。下に、『岩波古語辞典』の解説を引用します。

　　　古くは「をとめ（少女）の対。ヲトは、フチ（変若）
　　　と同根。若い生命力が活動すること。コは子。上代で
　　　は、結婚期に達している若い男性。平安時代以後「を
　　　んな（女）の対で、男性一般をいう。類義語ヲノコは
　　　「男の子」の意で、もとは、健児・従者・召使の意。
　　　（p. 1458）

　この解説に続いて、ヲトコの意味が①結婚期にある若い男性、②《「をみな」「をんな」の対》（立派な、一人前の）男性、③特に、女と結婚の関係にある男性、④男子、⑤従者。下男、……のように9分類されています。
　これはヲトコの意味分類になっていません。どういう男がいるかを例示しているだけです。こんな分類はほとんど無意味だと思います。しかし最大の問題は、ヲトコの語源をまちがえたことです。次に示すように、ヲトコとヲツ（復つ・変若つ）という動詞は同源ではありません。

ヲトコ(男)

ヲ　夫（pɪuag フ）「おとこ・おっと」
トコ　子（tsiəg シ）「こ・むすこ」
　◆　夫子（フシ）「男・男子」

ヲツ（復つ・変若つ）

ヲ　活（ɦiuat グッチ）「いきる・いかす」

ッ　転（tɪuan テン）「ころぶ・うつる」

◆　活転（カッテン）「蘇生・蘇生する」

　ヲトコとヲツを同源だと思いこんだために、「ヲトコは
ヲトメの対」という解釈が生まれました。しかし、この解
釈を支える言語上の証拠はありません。私の見立てでは、
ヲトメの対はヲノコ（男・男子）です。下に、これらの語
の成り立ちを示してみましょう。

ヲトメ（少女・処女・乙女）

オト　乙（・ɪĕt イツ）「わかい・すえの」

メ　女（nɪag ニョ）「おんな・め」

ヲノコ（男・男子）

ヲ　雄（ɦɪuəŋ ウ／ユ）「お・おす」

ノコ　児（ŋieg ニ）「こ・こども」

◆　雄児（ユウジ）「男児・男の子」

　乙女（ヲトメ）は日本語独自の造語です。n～mの音対
応は前にふれたとおりです。前田富祺監修『日本語源大辞
典』は「乙女」の「乙」を「お」と「を」の区別が失われ
るようになったための「あて字」と述べていますが、そう
ではありません。「乙」以外の表記が「あて字」なのです。また、ヲノコが「もとは健児・従者・召使の意」であ
るという古語辞典の指摘も見当はずれです。

第33話 ミヲビキ（水脈引き）とミヲツクシ（澪標）

　ミヲビキ（水脈引き）というのは、「水の流れに沿って船を引くこと・水先案内」という意味です。

　　堀江より水脈引きしつつ御船さす賤男の伴は川の瀬申せ（万葉集 4061）

　ミヲビキはミヲ（澪・水脈）とヒキ（引き・曳き）との結合形です。ミヲは「水の流れる筋」を意味します。そしてこの語の語源はミヲ（水緒）、ミヅヲ（水尾）、ミズホ（水穂）などといわれます。ミヲ（水緒）説が有力視されていますが、ミが「水」を意味することはありません。
　一方、ミヲビキのヒキは「引っぱる」を意味するヒク（引く・曳く）を名詞化したものです。この意味では語源不詳ではありません。しかしヒクの語源は何かと問われると、従来の語源研究では答えるのに窮してしまいます。
　ここで、ミヲとヒキの私の語源解釈を示します。

ミヲビキ（水脈引き）

- ミヲ　脈（měk ミャク）「すじ」
- ビ　　引（ɖien イン）「ひく」
- キ　　牽（kʰen ケン）「ひく」
- ◆　引牽（インケン）「ひく・ひっぱる」

　「脈」は「鉱脈」、「山脈」、「文脈」など、いろいろなものの「すじ」を表しますが、ミヲビキのミヲは「水脈」を

表しています。「水が流れるすじ」のことです。なお、k
～wの音対応は、斤（kɪən）「おの」→ヲノ（斧）や、居
（kɪag）「おる・いる」→ヲル／キル（居る）〔ルは動詞語
尾〕などにも観察されます。また、漢語のɖはyとの対
応がもっとも一般的ですが、日本語に〔yi〕という音がな
いのでヒになっていると思ってください。

　話をミヲツクシ（澪標）に移します。

　澪標 心尽して思へかも此処にももとな夢にし見ゆる
　（万葉集3162）

　ミヲツクシは「水先案内をするために水脈の標識として
刺した杭」のことです。

　ミヲツクシの語源説は、ツクシの部分をどう分析するか
によって違っています。有力視されている説は、「連体助
詞ツ＋クシ（串）」がツクシだとする説です。「津籤」がツ
クシと見る説もあります。また、ツクシの語源はツクイシ
（筑石）だという説があります。私の考えはまったく違い
ます。ミヲツクシは、次のようにミヲツにクシが付いた形
にちがいありません。

ミヲツクシ（澪標）

ミヲ　脈（měk ミャク）「すじ」

ツ　動（duŋ ヅウ）「うごく」

クシ　橛（kɪuăt ゴチ）「くい」

◆　脈動（ミャクドウ）「脈をうつ・周期的に起こる地面
　　のかすかな振動・表面に現れない奥深い動き」

　柿本人麻呂の次の歌は、ヤウヤク（漸く）という語やヤガテ（軈）という語の起源を解明するのに役立ちます。

　　沖つ梶漸〻志夫乎見まく欲り我がする里の隠らく惜しも（万葉集 1205）

　この歌の「漸〻志夫乎」は詠み方が明らかにされていません。いわゆる難訓の1つです。人麻呂がわざと詠みにくくしているのだと思います。ですから、謎々を解くつもりで詠み方を見つけなければならないのです。下に、私の詠みを示しましょう。

　漸（dziam）「だんだん」→徐（ĝiag）「ゆっくり」→ヤク
　〻（dziam）「だんだん」→徐（ĝiag）「ゆっくり」→ヤク
　志→シ
　夫→ブ／ム　　→進（tsien）「すすむ・すすめる」→シブ／シム
　乎→カ（間投詞）

　このように人麻呂は「漸」から類義語の「徐」を連想させて、その上古音ĝiagをヤクと詠ませようとしています。「志夫」は漢字音のシブと詠ませ、その類音シムから「進」を連想するように仕向けています。こうやって「漸〻志夫乎」をヤクヤクシブカ（あるいはヤクヤクシムカ）と詠めといっているのだと思います。歌全体の意味は、「沖を行く船の艪が船をゆっくり進めて行くなあ。私が見てい

たい里が隠れてしまうのが惜しいことだ」となります。

　こういう解釈はすでに拙著『花咲く大和言葉の森へ』で試みたことです。この長い前置きが、今ここでめざしている語源解釈と直結しています。さっそく、ヤウヤクとその姉妹語の成り立ちを下に示します。

ヤクヤク（徐徐く）、ヨウヤク（漸く）、ヤヤク（漸く）

ヤク　徐（ĝiag ジョ）「ゆっくり」
ヤク　徐（ĝiag ジョ）「ゆっくり」
◆　徐徐（ジョジョ）「だんだんと・そろそろと」

　ヨウヤクはヤクヤクの音便形です。同義語のヤヤクは、ĝia-ĝiag に対応しています。これらの姉妹語のヤヤ（稍）は ĝia-ĝia に対応します。そして今は、「少し」という意味を表します。

　なお、ĝはgの弱音です。咆（bǒg）「ほえる」→ホユ（吠ゆ）のように、g〜yという対応もときどき見られます。

　さて次に、ヤガテの成り立ちを示します。

ヤガテ（軈）

ヤガ　徐（ĝiag ジョ）「ゆっくり」
テ　　進（tsien シン）「すすむ・すすめる」
◆　徐進（ジョシン）「ゆっくりと進む」

　ヤガテの原義は「ゆっくりと進み」です。ヤクヤク・ヤガテなどの語を誰が作ったかは不明ですが、その考案者が上古漢語の発音をよく知っていたことは明白です。

第35話 サスラフ（流離ふ）とサマヨフ（彷徨ふ）

　サスラフ（流離ふ）という語の意味は、昔も今も変わりません。「身を寄せる所も定まった目的もなく、あちこち流浪する」というのがその意味です。

　サスラフは、その「流離ふ」という表記もそうですが、誰かが考案した言葉です。はじめから、サスラフという発音だったはずです。そういう前提で語源探索しないと、サスラフの語源はいつまで経っても藪の中でしょう。

　『日本国語大辞典』にサスラフの語源説が７つ紹介されています。「サはサル（避）の語根でスラフはシラフ（合）の転」とか、「サスリのサスはサスヒ（誘）の語幹でリは行動を意味する語」とか、「サカシスツル（離棄）の義」とか、「サウツル（左遷）の義」とか、また「サリスギナガレフ（去過流経）の義」といった説です。これらの説には共通して、語形変化の裏付けがありません。いい換えれば、音変化の過程が真っ暗闇です。

　私の説を述べます。サスラフの成り立ちは次のように考えるのが妥当でしょう。

サスラフ（流離ふ）

サ　随（ɖiuar ズイ）「したがう」
ス　心（siəm シム）「こころ」
ラ　流（lɪog ル）「ながれる」
フ　漂（pʰiog ヘウ）「ただよう」
　◆　随心（ズイシン）「気分にまかせる・思いどおりに」
　　　流漂（リュウヒョウ）「流れ漂う・さすらい歩く」

サスラフは、dôiua-siə-lɪo-pʰiɔ に対応しています。上古音の dô は中古音で y になるのが普通であり、日本語との間でも dô 〜 y の対応が目立ちますが、ここでは違います。

　次に、サマヨフ（彷徨ふ）についてです。まず、次の例を見てください。

　　……女房五六十人ばかりつどひたり。北の廂の簀子（ひさし・すのこ）まで、童べ（わらは）などはさまよふ。（源氏物語　鈴虫）

　このように、サマヨフは「気持ちが定まらなかったり迷ったりして、あたりをうろうろする」というのが本来の意味でした。

　サマヨフの語源説に「サマは漠然たる方向。ヨフはイサヨフ・タダヨフのヨフ、揺れ動く意」という『岩波古語辞典』の説がありますが、これでは不十分です。次のように考えた方がよいと思います。

サマヨフ（彷徨ふ）

- サ　心（siəm シム）「こころ」
- マ　煩（bɪuǎn ボン）「わずらわす」
- ヨ　漾（ǧiaŋ ヤウ）「ただよう」
- フ　泊（bak バク）「とまる」
- ◆　心煩（シンハン）「心を煩わす・気を遣う」
- 　漾泊（ヨウハク）「漂う」

　サマヨフは、siə-bɪuǎ-ǧia-ba に対応します。なお、g の弱音 ǧ は y になるのが普通ですが、別の音とも対応します。

第36話 スバル(昴)とユフツヅ(夕星)

　スバルという会社名がスバル星から付けられたものであることは多くの人が知っています。しかしスバル社の車に付いているあの六連星（むつらぼし）のマークがスバル星を描いたものだということはあまり知られていないようです。

　知られていないといえば、スバルを和語だと思っていない人がいます。清少納言も使っていたというと、「まさか」と疑う人がいますが、嘘ではありません。

> 　星は　すばる。彦星（ひこぼし）。夕（ゆふ）づゝ。よばひ星、すこしをかし。尾（お）だになからましかば、まいて。(枕草子235)

　スマルともいわれたスバルの語源説は多くありません。「ミスマル（御統）に形が似るところからか」という説や、「一所により合って統べくくられたような形であるところから」という説や、「スマルホシ（統星）の義」という説があります。「スバル／スマル＝統ばる／統まる」というのが大方の見方のようですが、動詞の連用形ではなくて連体形が名前になったと見るのはいかにも安易です。私の考えを下に示しましょう。

スバル／スマル(昴)

- ス　　星（seŋ シャウ）「ほし」
- バ　　朋（bəŋ ボウ）「とも・なかま」
- ル　　僚（lɔg レウ）「なかま・ともだち」
- ◆　朋僚（ホウリョウ）「仲間・同僚・友達」

スバルが se-bə-lɔ̌ に対応する形で、その原義が「星の仲間」であることは明らかです。

次は、ユフツヅ（夕星）についてです。清少納言は「夕づゝ」といっていますが、ユウツヅが本来の形です。

夕星（ゆふつづ）も通（かよ）ふ天道（あまぢ）を何時（いつ）までか仰（あふ）ぎて待（ま）たむ月人壮子（つきひとをとこ）
（万葉集 2010）

ユフツヅは「夕方の星」、すなわち「金星」のことです。ユフ（夕）とツヅ（星）がくっついた形なので、両者の語源を別々に示します。

ユフ（夕）、ユフヘ（夕）

ユ　夕 (ɖiǎk ジャク)「ゆう・ゆうべ」

フ　陰 (・ɪəm オム)「くらい・かげ」

◆　夕陰 (セキイン)「夕暮れ・夕方の薄暗さ」

ツヅ（星・星粒）

ッ　星 (seŋ シャウ)「ほし」

ヅ　象 (ĝiaŋ ザウ)「かたち・すがた」

◆　星象 (セイショウ)「星の姿・星」

上のユフは ɖiǎ-・ɪə に、ユフヘは ɖiǎ-ɪəm に対応します。ɖ〜y の対応は、夜 (ɖiǎg) → ヨ（夜）などと同じです。喉音の・は h が弱化した音です。下のツヅは se-ĝia に対応します。s〜t の対応は第26話でふれましたが、ツヅが正確にどう発音されたのか私にはわかりません。

第37話 ヤギ(山羊)とヒツジ(羊)

　ヤギ(山羊)は昔から家畜として飼育されてきました。牛乳だけでなく、ヤギの乳も昔から飲まれてきました。

　ヤギの語源説は2つあります。1つは、朝鮮語のヤング(ローマ字表記はjaŋ)に由来するという説です。そしてもう1つは、ヤギがヤギュウ(野牛)と呼ばれたために、それが訛ってヤギになったという説です。

　私は、漢語の羊(ĝiaŋ)がヤギの語源だと思います。この上古音のĝiaŋは中古音のyiaŋになりました。ĝiaŋもyiaŋもヤギになりえますから、ヤギという語がどれくらい古い言葉であるか見当がつきません。

　なお、朝鮮語のヤングは漢語です。つまり、中国語からの借用語です。こういうことは昔の人にとっても常識だったはずですから、これを使って和語を作ろうという発想はなかったでしょう。一方、ヤギュウという語に関していうと、この語は誰かがヤギを変形したもののように思われます。「山羊」という表記を「山牛」に変えたいと思ったのかもしれません。

　次は、ヒツジについてです。ヒツジは、6世紀末に朝鮮半島から日本に連れてこられた家畜のようです。このことは、『日本書紀』の「百済、駱駝一匹、驢一匹、羊二頭、白雉一隻を貢れり」(推古7年)という記述からうかがわれます。

　ヒツジという家畜が日本に入ってきた経緯がわかっていながら、ヒツジという言葉がどうして生まれたかははっきりしていません。ヒツジの語源説は難解です。吉田金彦編

著『語源辞典 動物編』の解説を見てみましょう。

> ……ヒトウシ（人牛）説も捨てがたい。しかし、ヤギ
> の語源がヤギュウ（野牛）であるかもしれないとする
> と、ヤギの野牛に対応してヒツジの語源が漢字で「飼
> 牛」「養牛」であるのは好都合。そうすると、養牛は
> 『大言海』の説く一番目の「養す獣の義」に近い考え
> となる。「養し牛」からシが落ちていった形、ヒタシ
> ウシ→ヒタウシ→ヒツジとなった。（p. 202）

　こういう語源説の難点は、証拠がないことです。ヒタシ
ウシという表現が見つかれば話は別ですが、それがなけれ
ば架空の想定といわれても文句はいえません。
　さて、私が考えるヒツジの語源は次のとおりです。

ヒツジ(羊)

ヒ　羊（ğiaŋ ヤウ）「ひつじ」
ッジ　質（tiet シチ）「なかみ」
　◆　羊質（ヨウシツ）「羊の中身」

　ヒツジの語源は四字熟語「羊質虎皮」の片割れです。こ
れを新来の家畜の名に変えたのでしょう。いくらなんで
も、次のようなふざけた命名ではなかったと思います。

ヒツ　未（mɪuəd ミ）「ひつじ・いまだ〜ない」
ジ　詳（ğiaŋ シャウ）「くわしい・つまびらか」
　◆　未詳（ミショウ）「まだ詳しくわからない」

第 2 章

新型造語法

はじめに

　この章のどの話にも、新型造語法による言葉が1つは含まれています。新型造語は誰が考案したのかわかりませんが、ルールはとてもシンプルです。ABとBCという2字熟語を合体してABBCとするのではなく、ABCと融合させてしまうのです。ABCDという四対一対応や、ABCDEという五対一対応の言葉も見つかります。

　下に例示するように、三対一対応は4つのサブタイプに分類できます。カカト（踵）のように漢語3字がそれぞれ和語で1音節となるのがもっとも普通で、漢語3字の1つが和語で2音節となる例は比較的少数です。

† 三対一対応の漢語と和語

カカト（踵）

　カ　　脚（kɪak カク）「あし」

　カ　　跟（kən コン）「くびす」

　ト　　踵（tiuŋ シュ）「くびす」

　◆　脚跟（キャクコン）「くびす」
　　　　跟踵（コンショゥ）「くびす」

コシラフ（誘ふ・拵ふ）

　コ　　構（kug ク）「かまえる・くみたてる」

　シ　　成（dhieŋ ジャウ）「なる・なす」

　ラフ　立（lɪəp リフ）「たつ・たてる」

　◆　構成（コウセイ）「組み立てる・組み立て」
　　　　成立（セイリツ）「まとまってできあがる」

スメロキ (天皇・皇祖)

- スメ 俊 (tsiuən シュン)「すぐれる・ひいでた」
- ロ 良 (lιaŋ ラウ)「よい・すぐれている」
- キ 器 (kʰied キ)「うつわ・才能・器量」
- ♦ 俊良 (シュンリョウ)「才知がすぐれている (人)」
  良器 (リョウキ)「立派な器・立派なもの」

ホコロブ (綻ぶ)

- ホ 敗 (puǎd ヘ)「やぶれる・そこなう」
- コロ 壊 (fiuər エ)「やぶれる・こわれる」
- ブ 廃 (pιuǎd ホ)「すたれる・やめる」
- ♦ 敗壊 (ハイカイ)「破れ崩れる・だめになる」
  壊敗 (カイハイ)「破れ廃れる」

†四対一対応の漢語と和語

タマサカ (遇・邂逅)

- タ 途 (dag ド)「みち」
- マ 逢 (bιuŋ ブ)「あう」
- サ 遭 (tsog サウ)「あう」
- カ 遇 (ŋιug グ)「あう」
- ♦ 途逢 (トホウ)「思いがけず出あう」
  逢遭 (ホウソウ)「思いがけず出あう」
  遭遇 (ソウグウ)「思いがけず出あう」

　五対一対応の例は第56話に出てきますが、それとは別に、カキツバタ (杜若) という花の名も4つの2字熟語が融合した「花冠絶品質」に起源を求めることができます。

第38話 ハラ(腹)とハラム(孕む)

ハラ（腹）はヒラ（平）やヒロ（広）と同源だという考えが広く受け入れられています。腹部の表面が原っぱのように広いからそういう名前が付いたと見るのはいささか安易な発想です。発音は似ていますが、同じではありません。それに、アクセントが違います。もちろん、意味の違いを明示するためにアクセントを変えたと考えられなくもありませんが。

ハラの語源を探るには腹部の表面ではなく内部に目を向けるべきです。ハラはもともと腹の内部を表す言葉であったことが次の対応からわかります。

ハラ(腹)

- ハ　腹（pɪuk フク）「はら」
- ラ　裏（lɪəg リ）「うら・うち」
- ◆　腹裏（フクリ）「腹のうち・腹のなか」

ハラは、pɪuk-lɪəg の pɪu-lɪə に対応する形です。

次は、ハラム（孕む）についてです。この語は「人や動物が胎内に子をやどす・みごもる」がその本来の意味であり、そこから「植物の穂がふくらむ・穂ばらみする」などの意味が派生しました。

ハラムという動詞の語源説は1つしかありません。ハラムは名詞のハラを動詞化したものであるというのが先学たちの一致した見解です。しかし、ハラムはハラに動詞語尾のムが付属して生まれた語ではありません。このことを

理解してもらうには文法の話が必要です。

　動詞語尾のム、およびその子音交替形のブは、形容詞や一部の名詞に付属してこれを動詞化します。たとえば、

　　タノシ（楽し）→タノシム（楽しむ）、タノシブ（楽しぶ）
　　ヒナ（鄙）→ヒナブ（鄙ぶ）
　　ミヤ（宮）→ミヤブ（雅ぶ）

のようにです。このム／ブは「変わる・変える」を意味する漢語の変（plɪan）と同源で、その plɪa の二重子音が単子音化した pɪa に対応する形です。そして、「〜の状態になる」というのが本来の意味です。

　このようなム／ブはハラには付きません。これは、「腹の状態になる」という無意味な表現をしないのと同じです。では、ハラムの語源は何でしょう。私はこう考えます。

ハラム（孕む）
- ハ　胞（pʰŏg ヘウ）「えな・子宮・子袋」
- ラ　絡（ĝlak ラク）「からむ・からます」
- ム　幕（mak マク）「まく・おおいかくす」
- ◆　胞絡（ホウラク）「胎児を包んでいる胞衣・えな」
　　絡幕（ラクマク）「幕を張る」

　このように、ハラムは2つの熟語が融合した「胞絡幕」の pʰŏ-ĝla-ma に対応する形です。しかし ĝla の ĝ に対応する音はありません。これは、二重子音を消失させた後の漢語を土台にして造語を図ったからでしょう。

　スコブル（頗）の語源は何もわかっていません。というより、その語源説がほとんど見あたりません。先学たちがさじを投げてしまったのでしょう。私が知っている唯一の解説は、『日本国語大辞典』（第十一巻 p. 399）の

　　「すこし」「すくなし」などの語根に、「ひたぶる」などの接尾語のついたものか。「いくらか、ある程度」の意味が「かなり、相当」の意味に強化された。

という説明です。
　スコブルのスコがスコシのスコやスクナシのスクと同源と見なしたり、ブルを接尾語と見たりするのは完全に的はずれです。スコブルの成り立ちは、漢語との比較を試みれば簡単にわかります。

スコブル（頗）
- スコ　側（tsïək シキ）「かたよる」
- ブル　頗（pʰuar ハ）「かたよる」
- ◆　側頗（ソクハ）「片寄っている・少し・はなはだ」

　側頗（ソクハ）は「一方に片寄っている」が基本義で、そこから「程度が一定の水準からずれている」という意味が生まれ、さらに程度を表す副詞として「少し・はなはだ」という意味が派生しました。これは、スコブルが、かつては「少し」と「はなはだ」という2つの異なる意味

を有していたのと同じです。

　次は、ヒタブル（一向）についてです。この語は「一途・ひたすら」などの意味を表します。古くは、次のようにヒタフルと発音されました。

　　　たゞひたふるに子めきてやはらかならむ人をとかく引
　　　きつくろひてはなどか見ざらん。（源氏物語　帚木）

　ヒタブルに関しては、いくつかの語源説があります。その中に、「ヒタはヒト（一）の転でヒタムキ、ヒタスラなどのヒタ。ブルは状態が顕現するような意味を表す接尾語」という説があります。また、「ヒタは直の義。ブルはあらぶる、ちはやぶるなどと同義で、強く励む意」という説もあります。

　これらは何となく理解できそうな説です。しかし、次のように見た方がよいと思います。

ヒタブル（一向）

ヒ　　偏（pʰɪan ヘン）「かたよる」
タ　　側（tsɪək シキ）「かたよる」
ブル　頗（pʰuar ハ）「かたよる」
　◆　偏側（ヘンソク）「かたより傾く」
　　　側頗（ソクハ）「片寄っている・少し・はなはだ」

　私の考えでは、ヒタブルは「かたよる」を意味する2つの熟語の融合形に由来する形です。その pʰɪa-tsɪə-pʰuar がヒタブルになったのだと思います。

第40話 ミチ（道）とチマタ（巷）

　ミチ（道）という語についての『岩波古語辞典』の解説はとても魅惑的です。

> ミは神のものにつく接頭語。チは道・方向の意の古語。上代すでにチマタ・ヤマヂなど複合語だけに使われ、また、イヅチのように方向を示す接尾語となっていた。当時は、人の通路にあたる所にはそれを領有する神や主がいると考えられたので、ミコシヂ（み越路）・ミサカ（み坂）・ミサキ（み崎・岬）などミを冠する語例が多く、ミチもその類。一方、ミネ（み嶺）、ミス（み簾）など一音節語の上にミを冠した語は、後に、そのまま普通の名詞となったものがあり、ミチも同様の経過をとって、通路の意で広く使われ、転じて、人の進むべき正しい行路、修業の道程などの意に展開し、また、人の往来の意から、世間の慣習・交際などの意に用いた。（p. 1258）

　この論は一点の隙もないように見えますが、漢語との比較を試みると破綻を生じます。たとえば、ミネ（峰）は漢語の峰（pʰiuŋ）と同源です。ミサカ（み坂）は「険しい坂」を意味する阪阻（ハンソ）と同源で、その băn-tsïag の bă-tsïag がミサカと対応します。また、ミサキ（み崎）は末梢（マッショウ）と同源で、その muat-sŏg の mua-sŏg がミサキになったのです。

　ミチ（道）も同様です。この語の起源は漢語の陌阡（ハ

クセン）に求められます。

ミチ（道）

ミ　陌（muǎk ミャク）「東西に通じるあぜ・みち」

チ　阡（tsʰen セン）「南北に通じるあぜ・みち」

◆　陌阡（ハクセン）「田畑のあぜ道」

　ミチは、muǎk-tsʰen の muǎ-tsʰe に対応する形です。
　次は、チマタ（巷）という語についてです。例を１つ示
しておきましょう。

　海石榴市の八十の衢に立ち平し結びし紐を解かまく惜
　しも（万葉集 2951）

　チマタの成り立ちは「チ（道）＋マタ（股）」であり、
「道路が交差した所・辻」がその原義であると一般に考え
られています。しかし次に示すように、「道ばた」という
のがチマタの原義です。

チマタ（巷）

チ　阡（tsʰen セン）「南北に通じるあぜ・みち」

マ　陌（muǎk ミャク）「東西に通じるあぜ・みち」

タ　頭（dug ヅ）「あたま・あたり・ほとり」

◆　阡陌（センパク）「田畑のあぜ道」
　　陌頭（ハクトウ）「道ばた」

　チマタは「阡陌頭」の tsʰe-muǎ-du に対応しています。

第41話　タビ(旅)とタムク(手向く)

　上代には、住みかを離れてよその土地へ行くことをすべてタビ（旅）といったそうです。だから、官人が任地におもむくことや、防人が東の国から筑紫の国に向かうことはいうまでもなく、天皇が紀の湯行をしたり熊野詣でをしたりすることも旅でした。また、狩りに出かけて野宿することもタビでした。一方で、こんな旅もありました。

　　家にあれば笥に盛る飯を草枕旅にしあれば椎の葉に盛る（万葉集 142）

　この歌は、中大兄皇子の謀略にはまってしまった19歳の有間皇子が生駒の自宅で逮捕され、紀伊の藤白坂で絞首される前に詠んだ歌です。
　さて、タビという語の語源について堀井令以知編『語源大辞典』はこう解説しています。

　　住んでいるところを離れて、よその土地へ行くこと。タブ（賜）、タマハルと同系か。かつての旅は、人の給与をあてにして歩いたものである。ものもらいと変らなかった。……（p. 150-51）

　数あるタビの語源説の中で、この説だけがおもしろいと思いました。しかし、まちがっています。「お与えになる」という意味のタブを名詞化してもタビ（旅）という語にはならないでしょう。

私が考えるタビの語源は次のとおりです。

タビ(旅)

タ 　転(tɪuan テン)「ころぶ」

ビ 　蓬(buŋ ブ)「よもぎ」

◆ 転蓬(テンポウ)「風に吹き飛ばされていく蓬」

タビは、あちこち歩きめぐり居所の定まらない生活の喩えとして用いられる転蓬(テンポウ)と同源で、tɪuan-buŋ の tɪua-bu がタビに対応していると思います。

さて、タムク(手向く)はタビと縁の深い語です。

> 甕の栗栖の小野の萩の花散らむ時にし行きて手向けむ (万葉集 970)

この歌のタムクは「峠の神にお供えする」という意味ですが、「旅立つ人に贈り物をする」がその原義です。だから、タムクの語源は次のように考えるのがよいでしょう。

タムク(手向く)、タムケ(手向け)

タ 　贈(dzəŋ ゾウ)「おくる」

ム 　別(bɪat ベチ)「わかれる」

ク 　去(kʰɪag コ)「たちさる」

◆ 贈別(ゾウベツ)「はなむけとして贈る」
　別去(ベッキョ)「別れ」

「贈別去」の dzə-bɪa-kʰɪa がタムクに対応しています。

第42話　ミモロ（三諸・御諸）とヒモロキ（神籬）

　ミモロ（三諸・御諸）とは、「神が降臨する所」のことで、具体的には神を祭る神座や山、木、神社を指します。山でも、とくに三輪山がミモロです。

　ミモロの語源説は多くありません。ヒモロキ（神籬）の変形とか、ミームロ（室）であるとか、ミーモロ（山）であるとかいわれますが、定説も通説もなく、ミモロの起源は謎だと見なされてきました。

　私はこう思います。ミモロは、次のように2つの熟語を融合して作った言葉です。

ミムロ（三諸・御諸）

ミ　繁（bɪuǎn ボン）「しげる」

ム　茂（mog モ／ム）「しげる」

ロ　林（lɪəm リム）「はやし」

◆　繁茂（ハンモ）「草木が盛んに茂る」
　　茂林（モリン）「樹木がこんもりと茂った林」

　ミムロは bɪuǎ-mo-lɪə に対応しています。ミモロのモロはモリ（森・杜）と同源ですが、ミは美称辞ではありません。ミムロの原義は「草木が盛んに茂る山」です。原生林の三輪山がミモロと呼ばれる理由がこれでわかります。

　ところで、ミモロツク（三諸つく）という枕詞があります。「三輪山」あるいは「鹿背山」にかかる枕詞ですが、ミムロツクとはどういう意味を表しているのか不明であると見なされてきました。

三諸つく三輪山見れば隠口の始瀬の檜原思ほゆるか
も（万葉集1095）

　ミモロツクの意味は次のようにして探すことができそう
です。ミムロの語構成は「繁茂林」ですから、ミモロツク
の語構成は「繁茂林XY」であると予想されます。そして
「林X」と「XY」に相当する熟語として、「藪」を意味す
る林叢（リンソウ）と「草むら」を意味する叢薈（ソウカ
イ）が見つかります。ミモロツクの構成は「繁茂林叢薈」
です。そしてこれが三輪山と鹿背山の姿です。
　さて、ミモロに似た言葉にヒモロキ（神籬）がありま
す。この語について『岩波古語辞典』は、「ヒは霊力の
意。モロはモリ（森・杜）の古形、神の降下して来る所。
キは未詳。ヒボロキとも」（p. 1136）と説いていますが、
漢語と比較すると、この語の起源がよくわかります。

ヒモロキ（神籬）

　ヒ　繁（bɪuǎn ボン）「しげる」
　モ　茂（mog モ／ム）「しげる」
　ロ　林（lɪəm リム）「はやし」
　キ　丘（kʰɪuəg ク）「おか」
　◆　繁茂（ハンモ）「草木が盛んに茂る」
　　　茂林（モリン）「樹木がこんもりと茂った林」
　　　林丘（リンキュウ）「木が茂る丘」

　ヒモロキは、3つの熟語の融合形 bɪuǎn-mog-lɪəm-kʰɪuəg
の bɪuǎ-mo-lɪə-kʰɪuə に対応する形です。

　ここでは、ちょっと気分転換のつもりで、万葉歌の解釈に取りくんでみようと思います。取りあげるのは、問題の表現を含む次の東歌です。

　　わが目妻人は放くれど朝顔のとしさへこごと我は離る
　　がへ（万葉集 3502）

　問題の表現というのは、「朝顔のとしさへこ」です。これに続く「ごと」は「ごとく・ように」という意味で、文末の「がへ」は反語表現です。なお、「さへこ」は「さへく」という動詞の連体形「さへく」の東国方言でしょう。
　先学たちがこの歌をどう解釈してきたかを紹介しておきます。土屋文明訳『万葉集』（日本国民文学全集第二巻、河出書房、1956 年）では、この歌が「私の目に見、会うだけの妻を、人は隔て放すけれど、朝顔が穀物の穂にからみつくように、私は放れはしない」と訳されています。一方、中西進著『万葉集全訳注原文付』（四季社 2008）では、これが「私のいとしい妻を人は離そうとするけれども、朝顔が毎年からまるように私はどうして離れよう」と訳されています。また、佐竹昭広ほか校注『万葉集　三』（新 日本古典文学大系 3、岩波書店、2002 年）は、「朝顔のとしさへこごと」を意味不明としたうえで、この部分の現代語訳を控えています。
　従来の解釈を整理してみると、次の 3 点を検証することが必要に思われます。第 1 点は「朝顔」の正体を明ら

かにすること、第2点は「とし」が「年」の意味でない可能性を探ること、第3点はサヘクの意味が「からむ」ではない可能性を探ることです。

第1点目についていうと、「朝顔」は今のキキョウ（桔梗）のことです。今のアサガオが平安時代に中国からもたらされたものだということは周知の事実です。

第2点目についていうと、トシは「実」という意味です。トシがこのような意味を表しえたことは、トシという語が漢語の実（diet）「み・みのる」に由来する語であることから理解できます。

第3点目についていうと、サヘクは「覆い隠す」という意味です。このことは、サヘクが次のような成り立ちの語であることからわかります。

サヘク（さへく）

サ　障（tiaŋ シャウ）「さえぎる」

ヘ　蔽（piad ヘ）「かくす」

ク　虧（kʰiuǎg クヰ）「かける」

◆　障蔽（ショウヘイ）「遮り覆う・防ぎ守る」
　　蔽虧（ヘイキ）「覆い隠す・樹木で光が遮られる」

キキョウの花冠は鐘形で、先端が5裂して開きます。萼も5裂します。おしべとめしべは5本ずつあって、先端が5裂します。果実も熟すると先端が5つに裂けます。

「朝顔のとしさへこごと」は、キキョウの実がなかなか露出しないことに着目した表現です。これを訳すと、「キキョウがその実を覆い隠しているように」となります。

第44話 シシクシロ(宍串ろ)とミスマル(御統)

　昔の人の造語法と遊び心を知らないと、とんでもない過ちをおかすことがあります。シシクシロ(宍串ろ)の従来の解釈はそういう例の典型です。

　シシクシロという語は、「宍串呂熟睡寝し間に」(日本書紀 歌謡96)とか、「宍串呂黄泉に待たむと」(万葉集1809)のように、ウマイ(熟睡)とヨミ(黄泉)という語にかかる枕詞として使われましたが、この語について『岩波古語辞典』は次のように説いています。

> 〔枕詞〕《ロは状態を示す接尾語》肉(しし)を串にさしたものはうまい味、よい味がするので、同音の「熟睡(うまい)」「黄泉(よみ)」にかかる。(p.621)

　これは定説をまとめた説明ですが、大きく的をはずしています。というのも、次に示すように、シシクシロは「手に巻く飾り」を意味するクシロ(釧)に「死者」をかぶせた語だからです。

シシクシロ(宍串ろ)
- シ　　死 (sier シ)「しぬ」
- シ　　者 (tiăg シャ)「もの」
- ク　　環 (fiuăn グエン)「わ」
- シロ　鎖 (suar サ)「くさり」
- ◆　死者 (シシャ)「死んだ人・死人」
- 　　環鎖 (カンサ)「鎖の輪」

昔、死んだ人にクシロを巻いて葬る習慣があったようです。これを考慮すれば、シシクシロがヨミの枕詞になることが納得されます。そして同時に、ウマイが次のような造語であったことがわかります。

ウマイ（熟睡）

ウ　　瞑（meŋ　ミャウ）「めをとじる」
マ　　目（mɪuk　モク）「め」
イ　　囲（ɦɪuər　ヱ）「かこむ・かこみ」
　◆　瞑目（メイモク）「死者が目を閉じて永眠する」
　　　目囲（モクヰ）「まぶた」

　ウマイは、普通の造語法ではムマヘやフマヤのようになるところですが、わざと語頭子音を脱落させて、語源をわかりにくくしています。奈良時代には、こういう謎掛けがはやりました。そして謎掛けといえば、「御統、此をば美須磨縷といふ」（日本書紀 神代上）に見えるミスマル「首飾り」も、その語源を探せという謎々です。

ミスマル（御統）

ミ　　美（mɪuər　ミ）「うつくしい」
ス　　珠（tiug　ス）「たま」
マ　　碧（pɪak　ヒャク）「あおみどり」
ル　　縷（lɪug　ル）「いと」
　◆　美珠（ビシュ）「美しい真珠」
　　　珠碧（シュヘキ）「真珠と碧玉」
　　　碧縷（ヘキル）「あおみどり色の糸」

第45話 トリヰ(鳥居)とシルベ(導・指南)

　トリヰ(鳥居)とは神社の入り口に立っている門のことですが、『日本国語大辞典』にその語源説が5つ紹介されています。①神に供えた鳥のとまり木の意、②鳥が居やすい所の意でトリヰ(鳥居)の義、③通リ入ルの義、(4)汚れたものをとどめる標であるところから、トマリキ(止処)の義、(5)「詩経」の「鶏棲于桀」にちなむ名。トリヰ(鶏棲)の義で、本来は笠木と貫との間をいった、という説です。

　これらのうち、①を支持する向きが多いようです。しかし積極的に支持しているというよりは、付和雷同しているように見受けられます。

　トリヰの語源を解くにあたって、次の2つの疑問を出発点としました。1つは、昔の人がわざわざ鳥の止まり木を作ろうなどと思い立ったかということです。もう1つは、「鳥居」がただのあて字にすぎなかったではなかったかということです。

　こうして、トリヰという語の成り立ちは次のように考えるのがよいという結論に達しました。

トリヰ(鳥居)

ト　　通 ($t^hu\eta$ ツウ)「とおる」

リ　　路 ($\hat{g}lag$ ル)「みち」

ヰ　　標 ($pi\partial g$ ヘウ)「しるし」

◆　　通路 (ツウロ)「通り道」
　　　路標 (ロヒョウ)「道しるべ」

トリキは、神聖な領域への入り口を標示する名前だったと思います。tʰuŋ-ĝlag-piɔg の tʰu-ĝla-piɔ の部分がトリキに対応しますが、ĝ は日本語に反映されていません。

　ところで、シルベ（導・指南）という語の成り立ちはどことなくトリキに似ているように思われます。しかし、先人たちの解釈は私の考えとは大違いです。

　シルベの語源は「知る方」だという考えが定説になっています。私にはこの語源説が理解できません。たとえば、ユクヘ（行方）という語は「進んで行く方向・進んで行った方向」を意味するまともな表現だと思います。また、「知る術」とか「知る方法」といった表現はよく使う表現です。しかし、「知る方向」などというのは意味的に不可能ではありませんか。「知る方」は存在するはずもない架空の表現です。ですから、この表現にシルベの起源を求めることはできないのです。

　私はシルベの語源を次のように考えます。

シルベ(導・指南)

- シ　進（tsien シン）「すすむ」
- ル　路（ĝlag ル）「みち」
- ベ　標（piɔg ヘウ）「しるし」
  - ◆ 進路（シンロ）「進んで行く道すじ」
    路標（ロヒョウ）「道しるべ」

　シルベはトリキの「通」を「進」に変えただけの言葉です。なお、「知り合い・縁故」を意味するシルベ（知る辺）は、ヨルベ（寄辺）をまねた造語だと思います。

第46話 ヒバリ(雲雀)とホトトギス(時鳥)

ヒバリ(雲雀)は春の鳥です。

うらうらに照れる春日に雲雀あがり情悲しも独りし
おもへば(万葉集4292)

ヒバリという語の成り立ちについては定説になっている
考えがあります。ヒバリは晴れた日に空高く舞い上がるか
ら、「日晴」がその語源だというのです。

これは少し変ではありませんか。そもそも「日晴」とい
う表現は存在しなかったと思います。仮に存在したとして
も、その名詞形はヒバレになるでしょう。「五月晴れ」や
「秋晴れ」のように。

ヒバリの語源は観点を変えて考えた方がよさそうです。
ヒバリの名付け親が誰であったか知る由もありませんが、
その人はヒバリが何のために空高く舞い上がるのかと考え
たはずです。そして、ヒバリが空の上から敵を見張ってい
るのだと空想しました。まさにこの空想がヒバリという名
前を生んだのだと思います。

ヒバリ(雲雀)

ヒ　弥(miěr ミ)「あまねし・とおい」

バ　望(mıaŋ マウ)「のぞむ・遠くからながめる」

リ　楼(luɡ ル)「たかどのの・やぐら」

◆　弥望(ミボウ)「遠くを見わたす・見わたす限り」
　　望楼(ボウロウ)「物見やぐら」

「弥望楼」の mie-mɪa-lu の音がヒバリに対応していま
す。唇音の m、b、p などが日本語のハ行子音と対応する
例は、ここまでにいくつか観察しました。

　次は、夏の到来を告げるといわれる鳥ホトトギス（時
鳥）の語源についてです。

　　橘のにほへる香かもほととぎす鳴く夜の雨に移ろひぬ
　　らむ（万葉集 3916）

　ホトトギスは夏至が近づくとわが家の近くにやって来ま
す。そして電線にとまって縄張りの声を発していますが、
そのうちに姿を消してしまいます。夜にその声を聞いたこ
となどありません。

　ホトトギスは鳴き声による名だという説が有力です。し
かし、ホトホトと鳴くからその名が付いたという説は信じ
ません。その声をテッペンカケタカと聞く人もいますから。

　ホトトギスは、次のような常識に沿った造語でしょう。

ホトトギス（時鳥）

ホ	炎（fiɪam エム）「もえあがる・ほのお」
ト	節（tset セチ）「ふし・くぎり」
トギ	時（dhiəg ジ）「とき」
ス	鳥（tög テウ）「とり」
◆	炎節（エンセツ）「夏」
	時鳥（ジチョウ）「特定の時節に鳴く鳥」

　ホトトギスは上の fiɪa-tse-dhiəg-tö に対応する形です。

第47話 クヂラ(鯨)とイサナ(勇魚)

クヂラ(鯨)は古くからある言葉です。

　　宇陀の　高城に　鴫罠張る　我が待つや　鴫は障らず
　　いすくはし　鯨障る……(古事記　歌謡9)

「シギを引っかけようとして罠を張ったらクヂラが引っかかった」といっているこの歌にイスクハシという変な言葉が見えますが、これはクヂラにかかる意味不詳の枕詞です。私の解釈では、イスクハシの語構成は4つの熟語が融合した「悪歳饑飽食」です。悪歳(アクサイ)は「飢年」という意味で、歳饑(サイキ)は「凶作」、饑飽(キホウ)は「食料の多寡」、飽食(ホウショク)は「たらふく食べる」という意味です。イスクハシの意味はこれでわかるでしょう。

　以上は前置きで、今からクヂラの語源の話に入ります。吉田金彦編著『語源辞典　動物編』の解説を見てください。

　　歴史仮名はクヂラとクジラの両方がある。『日本国語大辞典』に七説あげているが、その中で有力なものは二つ。一つは、クジラは皮が黒く内側の肉は白いからクロシロ(黒色)が転じてクジラになった説(日本釈名)、もう一つは「その口大なればクチビロ(口広)の約転なり」とする説(大言海)。……(p. 90)

　有力な説といっても、どこかの風土記に出てくるような

語源説に思われます。クヂラという語はもっときちんとした造語ではないでしょうか。

私はクヂラの語源を次のように考えています。

クヂラ（鯨）

ク　　海（m̥əg カイ）「うみ」

ヂ　　獣（thiog シュ）「けもの」

ラ　　類（lɪuɜd ルイ）「たぐい」

◆　海獣（カイジュウ）「海に住む獣」
　　　獣類（ジュウルイ）「獣のたぐい」

クヂラは m̥ə-thio-lɪuɜ に対応しています。m̥ は m が弱化した音ですから、h のように発音されます。しかしこれが k の音に聞こえたので、「海」の漢字音がカイとなっています。クヂラのクは漢字音に引きずられた音でしょう。

さて、イサナ（勇魚）というのはクヂラの異名です。イサナのナが「魚」を意味するナ（魚）であることはすぐに察しがつきますが、問題はイサです。これをイサマシ（勇ましい）のイサと同源と見る説がありますが、私は次のように、「水中に隠れ潜む魚」がイサナの原義だと思います。

イサナ（勇魚）

イ　　隠（・ɪən オン）「かくれる・かくす」

サ　　潜（dziɜm ゼム）「もぐる・ひそむ」

ナ　　魚（ŋɪag ゴ）「うお・さかな」

◆　隠潜（インセン）「隠れ潜む」
　　　潜魚（センギョ）「水中に潜む魚」

第48話 キリギリス(蟋蟀)とコホロギ(蟋蟀)

　キリギリス（蟋蟀）とは今のコオロギ（蟋蟀）のことです。吉田金彦編著『語源辞典 動物編』はキリギリスの語源をこう説いています。

> 　『大言海』に「キリキリは鳴く声の聞きなしなりと言ふ、スは虫・鳥に付くる語」とある。実際雄の鳴き声はギイース、チョンというのだが、そのギイーの部分をくり返して擬声語キリキリに写したものであろう。鳴き声を聞き取るのはその人の主観によるから、その文字化に時空の差が生じる。キリギリスは「キリキリと鳴く虫」というのが語源である。(p. 86)

　私の提案は、このような「擬声語」説ではありません。

キリギリス(蟋蟀)
- キ　響（hıaŋ カウ）「ひびく」
- リ　亮（lıaŋ ラウ）「あきらか」
- ギ　響（hıaŋ カウ）「ひびく」
- リ　亮（lıaŋ ラン）「あきらか」
- ス　蟋（siet シチ）「こおろぎ・きりぎりす」
- ◆　響亮（キョウロウ）「さやかな音」

　このように、「さやかな音を出して鳴くこおろぎ」がキリギリスの原義であると私は考えます。
　次はコオロギの起源についてです。コオロギの昔の発音

はコホロギでした。

　　夕月夜心もしのに白露の置くこの庭に蟋蟀鳴くも（万
　　葉集 1552）

　コホロギは秋鳴く虫の総称で、リーンリーンと鈴が鳴る
ように鳴くスズムシ（鈴虫）もコホロギでした。ですか
ら、コホロギはコホロと鳴くことによる名だという通説は
まちがっています。
　では、コホロギの本当の語源は何でしょう。私は次のよ
うに考えたらよいと思います。

コホロギ(蟋蟀)
コホ　昏（ɱuən コン）「くらい」
ロ　　乱（luan ラン）「みだれる」
ギ　　蛬（gɪuŋ グ／グゥ）「こおろぎ」
◆　　昏乱（コンラン）「何もわからず乱れること」
　　　乱蛬（ランキョウ）「乱れ鳴くこおろぎ」

　このように、コホロギは昏乱（コンラン）と乱蛬（ラン
キョウ）の融合形に由来する形で、「何もわからずに乱れ
なくこおろぎ」がその原義でした。この語形成は、ウサギ
（兎）の原義が「ずるい兎」であったり、ミヅ（水）の原
義が「青い水」であったり、マド（窓）の原義が「明るい
窓」であったりするのと似ています。
　なお、コホロギはコモロギを経た形だと思います。ｎが
マ行音を経てハ行音になった例をときどき目にします。

第49話 コトバ(詞・言葉)とコトワリ(理・断り)

コトバ(詞・言葉)の本来の意味は、次のように「口先だけの言葉」でした。

> 世の中の人の言葉(ことば)と思ほすなまことそ恋ひし逢はぬ日を多(おほ)み(万葉集 2888)

コトバという語の起源に関しては常識といえるほどの定説があります。『岩波古語辞典』の解説を見てください。

> 語源はコト(言)ハ(端)。コト(言)のすべてではなく、ほんの端(はし)にすぎないもの。つまり口先だけの表現の意が古い用法。ところがコト(言・事)という語が単独では「事」を意味するように片寄って行くにつれ、コトに代ってコトバが……(p. 517)

この語源説はまったく正しくありません。このことは、次の対応を見れば一目瞭然です。

コトバ(詞・言葉)

- コ   言(ŋi̯ăn ゴン)「いう・ことば」
- ト   辞(ḍi̯əg ジ)「ことば・ふみ」
- バ   費(pʰi̯uəd ヒ)「ついやす」
  - ◆ 言辞(ゲンジ)「言葉・言葉づかい」
    辞費(ジヒ)「無益に言葉を費やす・口先だけ」

コトバは、2つの熟語の融合形に由来する形です。その ŋia-dʲiə-pʰiuə がコトバに対応しています。なお、「言葉」を意味したコト（言）は言辞（ゲンジ）と同源です。

さて次は、コトワリ（理・断り）についてです。コトワル（理る・断る）が動詞形ですが、名詞形の方が古いように判断されます。

> 父母を　見れば尊し　妻子見れば　めぐし愛し　世の中はかくぞ道理……（万葉集800）

コトワリはコトワルから生まれたと見るのが一般的です。しかし古い文献に動詞の例がごくわずかしか見つからないので、名詞が先にあったと考える向きもあります。私は名詞が先だったと確信しています。そしてコトワリの語源をコトワリ（言割・事割）とする定説には大反対です。

コトワリ（理・断り）、コトワル（理る・断る）

- コ　儀（ŋiar ギ）「のり・のっとる」
- ト　則（tsək ソク）「のり・のっとる」
- ワ　法（piuăp ホフ）「のり・のっとる」
- リ　理（liəg リ）「ことわり・きめ」
- ◆　儀則（ギソク）「おきて・のり」
- 　　則法（ソクホウ）「のり・のっとる」
- 　　法理（ホウリ）「法律の原理」

このようにコトワリの語源はコトバとは無縁です。「儀則法理」の ŋia-tsə-piuă-liə がコトワリになったのです。

　ここで考えるのは、カタラフ（語らふ）やカザラフ（飾らふ）といった動詞の語末音フの由来です。まず、例をあげてみましょう。

　　わが恋ふる事も語らひ慰めむ君が使を待ちやかねてむ
　　（万葉集 2543）

　カタラフは、カタル（語る）とアフ（会ふ）が結合したカタリアフ（語り会ふ）の縮約形だといわれます。しかし私はそう考えません。カタラフの成り立ちは次のように見る方が自然だからです。

カタル（語る）、カタラフ（語らふ）
- カ　　言（ŋıăn ゴン）「いう・ことば」
- タ　　辞（dıəg ジ）「ことば・ふみ」
- ラフ　令（lıeŋ リャウ）「よい・よくする」
- ◆　言葉（ゲンジ）「言葉・言葉づかい」
　　　辞令（ジレイ）「巧みに連ねた言葉・言葉づかい」

　「言辞令」という融合形の ŋıă-dıə-lıe がカタルに対応し、ŋıă-dıə-lıeŋ がカタラフに対応しています。つまり、カタラフのフは lıeŋ の ŋ に対応しているのです。
　牙音と呼ばれる漢語の k、g、ŋ が日本語でフになっている例は枚挙に暇がありません。フが k、g と対応している例をあげてみましょう。

カケル(翔る)、カケラフ(翔らふ)

カケ 翹 (giɔŋ ゲウ)「あげる・つまだてる」

ラフ 陸 (lı̆ok ロク)「とびあがる・はねる」

◆ 翹陸 (ギョウリク)「跳ねまわる・跳躍する」

ツカム(摑む)、ツカマフ(摑ふ)

ツカ 捉 (tsŭk ソク)「とらえる」

マフ 捕 (bag ブ)「とらえる」

◆ 捉捕 (ソクホ)「捕まえる」

カザル(飾る)、カザラフ(飾らふ)

カ 化 (huăr クエ)「かわる・かえる」

ザ 妝 (tsĭaŋ サウ)「よそおう・よそおい」

ラフ 楼 (lug ル)「たかどの・やぐら」

◆ 化妝 (ケショウ)「顔を美しく飾る・外観を飾る」
　妝楼 (ショウロウ)「化粧部屋」

　上のツカマフはツカミアフの縮約形だといわれます。仮にこういう変化が起こったとしたら、ツカミアウとかツカミアイといった形が今も存在する理由を問わなければなりません。カタリアウ、カタリアイについても同様です。

　一方、上のカケラフとカザラフのフは「反復・継続」を表すといわれます。このような扱いを受けるフはほかにいっぱいあります。たとえば、ユフ (結ふ) に対するユハフ (結はふ)、ハカル (計る・謀る) に対するハカラフ (計らふ)、ムク (向く) に対するムカフ (向かふ) などのフです。これらのフも、上古漢語の k、g、ŋ が起源です。

第51話　モチ(望)とイサヨヒ(十六夜)

　「陰暦の、月の15日」をモチ（望）といいます。そこ
で、モチヅキは「十五夜の月・満月」のことですが、モチ
ヅキを略してモチともいいます。次の例におけるモチは
「月の15日」のモチです。

　　不尽の嶺に降り置く雪は六月の十五日に消ゆればその
　　夜降りけり（万葉集320）

　モチの起源説は多くはありません。モチの語源はモチ
（持ち）であるとか、ミチ（満ち）であるとか、あるいはマ
ロツキ（円月）であるといった説があるくらいです。
　これらのうち、ミチ（満ち）説はなかなかよさそうで
す。しかし難点があります。母音の〔i〕は安定した音で
すから、ミチからモチへの変化は起こりにくいと思いま
す。しかし、漢語の満潮（muan-dɔg）の mua-dɔ を一方で
ミツ（満つ）にして、他方でモチにした可能性はゼロでは
ないと思います。私は最初、モチの起源をこのように考え
ました。
　しかし、この考えを捨てました。次のような対応を想定
した方がもっとよいと思ったからです。

モチ(望)

モ　　望（mɪaŋ マウ）「のぞむ」

チ　　夕（ḍiăk ジャク）「ゆうべ」

　◆　望夕（ボウセキ）「十五夜」

モチは「望夕」の mɪa-ḍiǎ に対応する形にちがいないと思います。

　さて、モチの次の夜はイザヨヒ（十六夜）です。これはイザヨフ（猶予ふ）の動詞形ですが、昔の発音はイサヨフでした。ちなみに、サの音価は tsa であったと思います。

　　山の末にいさよふ月を何時とかもわが待ち居らむ夜は
　　深けにつつ（万葉集 1084）

　この歌は、山の端にぐずぐずしている月がいつ現れるかと待っている気持ちを詠っています。イサヨフは「なかなか進まない・停滞する・ためらう」という意味です。

　イサヨフには似たり寄ったりの語源説がいくつかあります。「イサはイサ（否）・イサカヒ（諍）のイサに同じ。前進を抑制する意。ヨヒはタダヨヒ（漂）のヨヒに同じ」（『岩波古語辞典』）は諸説をまとめたような解説です。これは、下に示す私の考えとは大きく違います。

イサヨフ（いさよふ）、イサヨヒ（十六夜）
- イ　揺（ḍiŏg エウ）「ゆれる・ゆする」
- サ　動（duŋ ヅウ）「うごく・うごかす」
- ヨフ　揺（ḍiŏg エウ）「ゆれる・ゆらす」
- ◆　揺動（ヨウドウ）「揺れ動く・ぐらつく」
　　動揺（ドウヨウ）「揺れ動く・ぐらつく」

　イサヨフは ḍiŏ-du-ḍiŏg に対応します。ヒサヨフがもとの形でしょう。イサヨフのフは g に対応する形態です。

第52話 ナリハヒ(生業)とイトナミ(営み)

　ナリハヒ（生業）は古くからある言葉です。今はナリワイという発音になっています。

　　万調 奉る首と　作りたる　その農を　雨降らず
　　日の重なれば　植ゑし田も　蒔きし畑も　朝ごとに凋み枯れ行く……（万葉集 4122）

　この歌は、「あらゆる貢ぎ物の中で最高として作ってきた農作物であるのに、日照りが続いて、……」と詠ったものです。ナリハヒはこのように「農作・農作物」が本来の意味で、「暮らしを立てること・生業」は派生義です。
　『岩波古語辞典』はナリハヒの構成について「ナリは植物が成ること、転じて、生産の意。ハヒはサキハヒのハヒと同じ」と述べていますが、これは誤りです。サキハヒは「幸い」を意味する漢語の祥福（ǧiaŋ-pɪuək）と同源です。そして、ナリハヒは次のような構成の言葉です。

ナリハヒ(生業)

ナ　農（noŋ ノウ／ノ）「たがやす」

リ　力（lɪək リキ）「つとめる」

ハ　勉（mɪðn メン）「つとめる」

ヒ　勉（mɪðn メン）「つとめる」

　◆　農力（ノウリキ）「力を使って田畑を耕す」
　　　力勉（リキベン）「一生懸命に努力するさま」
　　　勉勉（ベンベン）「務め励んで一心不乱のさま」

ナリハヒは、no-lɪə-mɪə̆-mɪə̆ に対応しています。

ところで、イトナミ（営み）という語も農業と関係のある言葉です。しかし従来の説明では、イトナミは「イトナシ（暇無）の語幹に動詞を作る接尾語ミのついたもの。暇がないほど忙しくするのが原義。ハカ（量）からハカナシ・ハカナミが派生したのと同類」（『岩波古語辞典』）とされています。定説をまとめるとこうなるのでしょうが、この解説の誤りはすさまじいほどです。

ハカナシは「はかないものの喩え」を表す夢幻（mɪuəŋ-ɦuăn）の mɪuə-ɦuăn に対応するハカナに形容詞語尾のシが付いた語です。だから、ハカナムと動詞化できます。一方、イトナシのナシは「無い」という意味です。ヤルセナシ（遣る瀬無し）が動詞化できないように、イトナシも動詞化できないのです。だから、イトナミはイトナに動詞を作る語尾が付いた形ではありえないのです。

イトナミは、次のような成り立ちの語だと思います。

イトナミ（営み）、イトナム（営む）

イ　営（ɦiueŋ ヤウ）「いとなむ」

ト　田（den デン）「た・田畑」

ナ　農（noŋ ノウ／ノ）「たがやす」

ミ　務（mɪŏg ム）「つとめる」

◆　営田（エイデン）「土地を区切って耕す」
　　田農（デンノウ）「農耕の仕事」
　　農務（ノウム）「農業の仕事」

イトナミは「営田農務」の ɦiue-de-no-mɪo に対応します。

　ここでの話は、第14話でふれた舌音の鼻音化という音
変化、つまりドク（退く）→ノク（退く）、鼻（bied）→ハ
ナ（鼻）のような音変化と、第16話でふれた ŋ～n の音
対応、たとえば仰（ŋiaŋ）→ノク（仰く）、額（ŋăk）→ヌカ
（額）のような音変化が前提となります。

　さて、ニヘ（贄）というのは神に供えたり天皇に献上し
たりする食物、あるいは神や天皇に捧げる新穀などを表す
言葉です。この語から「未経験の・はじめての」を意味す
るニヒ（新）という語が生まれたことは周知の事実です。
問題はニヘの語源です。

　ニヘの語源説には定説も通説もありません。ニヘは「ニ
エ（煮）の転」という説、「ニウエ（荷上）の略」という
説、「調理した食物の意から」という説などが見られま
す。興味を引かれたのは「古形ニハの転」という『岩波古
語辞典』の説です。ニハというのはニハ（庭・場）のこと
です。この語は漢語の deŋ（庭）と同源で、de がニにな
り、ŋ がハになって生まれた語です。問題は「庭」と
「贄」との意味的なつながりですが、これら2語の間に派
生関係を認めることはできそうにありません。音が似てい
るだけだと思います。

　では、ニヘの語源は何でしょう。この答えを日本語のな
かに見つけようと努力しても徒労に帰すだけですが、漢語
のなかを探すとすぐに見つかります。

　　贄（tiəp）「にえ」→ニヘ（贄）、ニヒ（新）

このように、舌音の鼻音化はｔの音にも起こりました。ニル（煮る）は煮（tiag）のtiaに対応するニに動詞語尾のルが下接した語です。同様に、「賭ける」を意味するノル（賭る）は賭（tag）のtaに対応するノにルが付いた形です。舌音の鼻音化は多くの和語の形成に関係しています。

　さて次は、ニヒナヘ（新嘗）についてです。ニヒナヒ、ニヒナメともいわれたこの語は、誰も手をつけていない新穀を神に捧げ、天皇もそれを食べて、その年の収穫を感謝するための祭儀を表す言葉です。

　ニヒナヘの語源は、「ニヒ（新穀）ノ（助詞）アヘ（饗）の約」と見る説が有力視されています。一方、山口佳紀編『暮らしのことば　語源辞典』は、ニヒナメについて「古形はニヒナヘ。ニヒは神に献じる食物をさすニヘ（贄）と同源ともいうが、新しいなどのニヒ（新）か。ナヘは「ノ（助詞）＋アヘ（饗＝もてなし）」の転とされるが、ニヒクサ（新草）のように、ニヒは下にノがこないので疑問。むしろニヘと同源の語ナヘを想定すべきか」と述べています。これらの説に比べると、私の提案は単純です。

ニヒナヘ／ニヒナメ（新嘗）

ニヒ　贄（tiəp シ）「にえ」
ナ　　儀（ŋɪar ギ）「のり」
ヘ　　表（pɪɔg ヘウ）「しるし」
　◆　贄儀（シギ）「初見の礼物」
　　　儀表（ギヒョウ）「人々に表し示す手本」

ニヒナヘは「贄儀表」のtiəp-ŋɪa-pɪɔに対応する形です。

第54話 アキナフ（商ふ）とオコナフ（行なふ）

　昔、「商い」をアキ（商）といいましたが、このアキという語はアキ（秋）と同源だと考えられています。収穫物、とくに稲の実が物々交換の対象とされてきたので、稲が実る秋に交換が行われたと想定しての考えです。

　また、アキナフ（商ふ）は「秋に行う」という意味であり、ナフはウラナフ（占ふ）やオコナフ（行なふ）のナフと同じものであると説かれています。

　これは非常に興味深い説です。私は長年にわたってこの説を信じてきました。しかし今はまちがっていると思っています。これよりも説得力のありそうな考えを思いついたからです。

　アキナフは次のような成り立ちの語だと思います。

アキナフ（商ふ）

アキ　商（thiaŋ シャウ）「あきなう・あきない」

ナフ　業（ŋıăp ゴフ）「なりわい・しごと」

◆　商業（ショウギョウ）「商人・商う」

　アキ（商）というのは漢語の商（thiaŋ）と同源です。その thiaŋ がサキになり、語頭子音を失ってアキになったと推定されます。

　一方、アキナフは上に示したように、漢語の商業（ショウギョウ）に由来する形で、その thiaŋ-ŋıăp がサキナフを経てアキナフになったと考えられます。ŋ～n の音対応は、第53話でふれたように、よくある音対応です。な

お、「商業」というのは周に滅ぼされた商（殷）の国の人々が行商を生業としたことに根ざした言葉です。

次は、オコナフ（行なふ）という語の成り立ちについてです。この語のオコについての従来の考えは、「オコタリ（怠）のオコと同根。儀式や勤行（ごんぎょう）など、同じ形式や調子で進行する行為」（『岩波古語辞典』）という解説に代表されます。

こういう説明に納得できそうで納得できません。というのも、オコの意味をもう少し詳しく理解しないと、オコナフのオコとオコタルのオコが同じかどうか判断できないからです。直感的には、同じでないように見えます。

私の考えでは、オコナフの語構成は次のとおりです。

オコナフ（行なふ）

ォ　　勤（gɪən ゴン）「つとめる・いそしむ」

コ　　行（ɦǎŋ ギャウ）「おこなう・おこない」

ナフ　業（ŋɪăp ゴフ）「なりわい・しごと」

◆　　勤行（ゴンギョウ）「読経し礼拝する・お勤め」
　　　行業（コウギョウ）「行為と仕事・職業」

オコナフは gɪə-ɦǎ-ŋɪăp に対応する形で、ココナフ→ヲコナフを経た形だと推定されます。そしてその原義は「勤行する・お勤めする」であったはずです。

これは、オコナフのオコがオコタルのオコと同じではないことを示唆しています。オコタルの語構成は、「怠る・なまける」を意味する漢語の懈怠（ケタイ）に対応するオコタに動詞語尾のルが下接した形だと思います。

ツハモノ（兵）という語は、かつては「兵士」という意味だけでなく、「武器」という意味も表しました。次の例には、これら2つの意味を表すツハモノが見られます。

　　　法師は兵（つはもの）の道を立て、夷（えびす）は弓引（ひ）くすべしらず……つは物尽き、矢極（きは）まりて、遂に降（くだ）らず……（徒然草80段）

ツハモノの語源は先学にとって難物だったようです。というのも、この語の語源解説を放棄している辞典が少なくないからです。

ツハモノの語源に関して意外に思われることがもう1点あります。それは、ツハモノの「兵士」の意味と「武器」の意味が、語源の異なる2語の意味として受け止められてきたように思われることです。

「兵士」を意味するツハモノの語源は、「ツョモノ（強物）の義」という説と、「イチハヤモノ（悍者）の義」という説があります。

一方、「武器」を意味するツハモノの語源は、「ウツハモノ（器物）の略」とか、「ツミハモノ（鐔物）の略」とか、「ツはト（鋭）の転、ハモノは刃物の義」といった説があります。「兵士をいうツハモノの転義」という説もありますから、従来の起源説のすべてがツハモノの2つの意味を二元的にとらえていたとはいえません。

ツハモノの2つの意味に対して2つの語源を想定するのは正しくないと思います。ツハモノは「兵士」と「武

器」を一体のものとして表す言葉だったのではないでしょうか。私が考えるツハモノの成り立ちは次のとおりです。

ツハモノ（兵）

- ッハ 精（tsieŋ シャウ）「すぐれている」
- モノ 兵（pɪǎŋ ヒャウ）「つわもの・兵士・武器」
- ◆ 精兵（セイヘイ）「はえぬきのすぐれた兵隊」

ツハモノのハは tsieŋ の ŋ に対応していて、ツハモノのノは pɪǎŋ の ŋ に対応しています。よくある音対応です。

さて、次はモノノフ（物部・武士）についてです。この語は「武人」という意味、またのちに「朝廷に仕える文武の官」という意味も表しましたが、もともとは「大和朝廷で軍事・刑罰を担当した部民」を表すモノノベ（物部）に由来する語であることは明らかです。

モノノベとモノノフの語源に関して、モノは「兵器」だとする説がありますが、私は次のように考えます。

モノノベ（物部）、モノノフ（物部・武士）

- モ 武（mɪuag ム）「たけだけしい」
- ノ 人（nien ニン）「ひと」
- ベ 部（buəg ブ）「わける・区分け」
- ◆ 武人（ブジン）「侍・武士・粗暴な人」
  人部（ジンブ）「人の区分け」

モノノベ／モノノフは、「武人部」という融合形のmɪua-nien-buə に対応する形であると考えられます。

第56話　ツブリ(頭)とカタツブリ(蝸)

　ツブリ(頭)とは「まるい形のもの」、とくに「あたま」のことをいいます。ツムリともいいますが、これはツブリから派生した子音交替形です。

　ツブリはツブラ(円)と同源と見なされています。そして、ツブリ、ツブラのツブはツブ(丸・粒)と同源だと見られています。ここまでは私の考えと一致していますが、問題はここからです。

　ツブリのリ、ツブラのラは何でしょう。ツブラのラは例によって接尾語だといわれます。だから、リも接尾語ということになりますが、この接尾語なるものの起源は明らかにされていません。意地悪ないい方をすれば、起源がわからないから接尾語というもっともらしい名前を付けてお茶を濁しているのです。

　さて、ツブリがツブラと同源として、先に生まれたのはツブラです。最古の例は「円、此をば豆夫羅(つぶら)といふ」(日本書紀 履中2年)です。そしてこの語は、『古事記』を撰進し、日本書紀の撰進にも参加した太野安万侶(おおのやすまろ)が次のようにして考案した言葉だと思います。

ツブラ(円)、ツブリ(頭)

- ツ　団 (duan ダン)「まるい・まどか」
- ブ　円 (ﬁ‌ɪuan エン)「まる・まるい」
- ラ　麗 (lār ライ)「うるわしい」
- ◆　団円 (ダンエン)「まるい・まる・円満・おわり」
　　円麗 (エンレイ)「なだらかで美しい」

「団円麗」という融合形の dua-fiɪua-lā がツブラと対応しています。すでに述べたように fi は h の濁ったような音ですから、fiɪua にブの音をあてるのは不自然ではありません。いずれにせよ、新造語をどういう音にするかは考案者の特権です。ツフラよりツブラの方が聞こえがよいからそうしたのでしょう。ツブリという派生語も、誰かがこの発音を気に入って生まれた言葉でしょう。

次の問題は、このツブリがカタツブリ（蝸）のツブリと同じかどうかです。『岩波古語辞典』は、カタツブリの原義を「カタ（固）ツブリ（円）の意」としていますが、この説の難点は、ツブリという語の文献上での出現がカタツブリのそれよりも 500 年以上後年だという点です。そこで私は、カタツブリの語源を別のところに求めました。その結果は次のとおりです。

カタツブリ（蝸）

ヵ　　蝸（kuǎr クエ）「かたつむり」
ﾀ　　舎（thiǎg シャ）「やど・いえ」
ッ　　宿（siok スク）「やどる・やど」
ﾌ　　坊（bɪaŋ バ）「へや・いえ」
ﾘ　　寮（lɜg レウ）「なかま・宿舎」
◆　　蝸舎（カシャ）「蝸の殻のように小さい家」
　　　舎宿（シャシュク）「宿」
　　　宿坊（シュクボウ）「寺の境内にある宿泊所」
　　　坊寮（ボウリョウ）「僧が住んでいる所」

上の kuǎ-thiǎ-sio-bia-lɜ がカタツブリに対応します。

第57話　サガム（相模）とサネサシ（さねさし）

旧国名のサガミ（相模）は、古くはサガムと呼ばれました。そして、このサガムにかかるサネサシ（さねさし）という枕詞がありました。語義不詳の言葉です。

　　さねさし　相模（さがむ）の小野に　燃ゆる火の　火中（ほなか）に立ちて
問ひし君はも（古事記　歌謡24）

『日本国語大辞典』にサネサシの語源説が次のようにまとめられていますが、有力な説は見あたりません。

　　①「ね」を嶺とし、（イ）「さし」は「瑞枝（みずえ）さし」などと同じくそば立つとする説。（ロ）「聳」を「さし」と訓む例もあるところから〔名義抄〕、これと同じ「嶮（さがし）」の意とする説。（ハ）アイヌ語で城の意の「ちゃし」の変化したものとする説。②「さね」は真の意でほめことば、「さし」はもと相模、武蔵の地を合わせていう国名とする説。③「ね」は根で、「さし」は焼畑の意とする説。（4）「さね」が真の意で「さし」はほめことば。（第九巻 p. 108）

　サネサシの語義を明らかにするには、サガムという地名の語源を明らかにするのが先決です。『日本国語大辞典』にサガムの語源説として、①ムサカミ（身狭上）の上略、②足柄箱根から見おろす国であるところから、坂見の義、③昔この国の狩人が妻の死後鏡を見てその姿を偲んだとこ

ろ、妻の姿がうつったのでその鏡を祭り神にしたという伝
説から、スガタミ（姿見）の転、などの説が紹介されてい
ますが、どれにも説得力がありません。
　私の考えを述べます。サガムという国名は足柄（語源は
遏阻嶮路）や箱根（語源は峰根）などの険阻な地形に根ざ
した名前ではないでしょうか。

サガム／サガミ (相模)

- サ　阻（tsïag ショ）「はばむ・けわしい」
- ガム　嶮（ŋiam ゲム）「けわしい」
- ◆　阻嶮（ソケン）「地形がけわしい（所）」

サガムがこのような地形のけわしさを原義とする名であ
ったとしたら、その枕詞であるサネサシもそれにふさわし
い意味を表していたはずです。サネサシの成り立ちを私は
次のように考えます。

サネサシ (さねさし)

- サネ　峻（siuən シュン）「たかい・けわしい」
- サ　阻（tsïag ショ）「はばむ・けわしい」
- シ　止（tiəg シ）「とまる・とめる」
- ◆　峻阻（シュンソ）「けわしい」
- 　阻止（ソシ）「妨げる」

相模国には広い平野がありましたが、駿河国からそこへ
行くには国境付近の難所を越えねばなりませんでした。サ
ネサシはそういう地勢を表す言葉であったと思われます。

第58話 サンマ(秋刀魚)とスルメ(鯣)

　魚の名前には漢語を少し変形しただけの語がいろいろと見つかります。いくつか例をあげてみましょう。

鰒（pɪuk）「あわび・ふぐ」→フグ（河豚）
鮏（sǐeŋ）「なまくさい・さけ」→サケ（鮭）
章魚（tiaŋ-ŋiag）「たこ」→タコ（蛸）
雑魚（dzəp-ŋiag）「ざこ」→ザコ（雑魚）
鰻魚（muan-ŋiag）「うなぎ」→ムナギ／ウナギ（鰻）
鮒魚（pǐug-ŋiag）「ふな」→フナ（鮒）

　これらの和語は漢語の発音を日本語風に変えただけの名前であり、語源探索の対象としてあまり興味を憶えません。一方、次のような対応を見つけるとうれしくなります。

サンマ(秋刀魚)

サン　尖（tsiam セム）「とがる・するどい」
マ　鋒（pʰɪuŋ フ／フウ）「ほこさき・きっさき」
◆　尖鋒（センポウ）「尖った切っ先・屠殺刀」

サヨリ(細魚)

サ　尖（siam セム）「とがる・するどい」
ヨ　鋭（ḏiuad エイ）「するどい」
リ　利（lɪed リ）「とし・するどい」
◆　尖鋭（センエイ）「とがってするどい・急心的」
　　鋭利（エイリ）「するどくよく切れる」

サンマは tsiam-pʰiu に対応する形であり、もとはサムマ
という発音であったと推定されます。かつては「三馬」と
漢字表記されました。なお、京都ではサンマをサヨリとい
うこともあるそうです。

　さて、ここまでくると、次の対応もすぐわかります。

スルメ（鯣）

- ス　尖（tsiam セム）「とがる・するどい」
- ル　利（lɪed リ）「するどい」
- メ　兵（pɪǎŋ ヒャウ）「つわもの・武器」
- ◆　尖利（センリ）「刃が鋭くてよく切れる」
  　利兵（リヘイ）「鋭い武器」

　スルメは tsia-lɪe-pɪǎ に対応する形であり、もとはスルメ
イカ（鯣烏賊）を表したと思われます。ちなみに、ヤリイ
カ（槍烏賊）のヤリの語源は鋭利（ɖiuad-lɪed）です。

　まだ問題が残っています。イカ（烏賊）の語源は何でし
ょう。吉田金彦編著『語源辞典 動物編』の「タコはあま
り移動しないが、イカは泳ぐのが早く、北海道から九州ま
で泳いで行く。それでイカ（烏賊）はイカ（行か）が語源
ではないか」という解説には、いくらなんでもそれはない
と叫びたくなります。こう考える方がまだましです。

イカ（烏賊）

- イ　異（ɖiəg イ）「ことなる」
- カ　形（ɦieŋ ギャウ）「かたち」
- ◆　異形（イギョウ）「変な形・普通ではない怪しい姿」

第59話 ミゾレ(霙)とアラレ(霰)

ミゾレ(霙)は「雨まじりに降るシャーベット状の雪」だといわれますが、次の引用におけるミゾレは「雨まじり」ではないように感じられます。

> 雪、みぞれかき乱れ荒るゝ日、いかに宮のありさまかすかにながめ給ふらむ……(源氏物語 澪標)

ミゾレの語源説はいくつかあります。そのなかで、ミゾレは「ミヅアラレ(水霰)の約」という説と、「サメアラレ(雨雹)の義」という説がまっとうな説のように思われます。しかし、アラレは雪が固まったようなもの、ミゾレは雪が溶けかかったものです。これを思うと、アラレがミゾレの構成要素になったようには思えません。仮にそうであったにしても、アラレの語源を明らかにしなければ、ミゾレの語源を解いたことにはならないでしょう。

ミゾレの語源を漢語に求めても、答えはすぐには見つかりません。しかし諦めないことが大事です。あちこちを探し回って次の対応を見つけました。

ミゾレ(霙)

- ミ　氷(pieŋ ヒョウ)「こおる・こおり」
- ゾ　消(sioŋ セウ)「きえる・けす」
- レ　爛(ĝlan ラン)「ただれる」
- ◆　氷消(ヒョウショウ)「氷が溶ける」
  　消爛(ショウラン)「ぐちゃぐちゃになって消える」

ミゾレは、 g̊lan の g̊ が消失した pɪə-siɔ-la に対応する形です。ミゾレはミソレを経た形かもしれません。

　次はアラレ（霰）についてです。アラレは「水蒸気が凍って空から落ちてくる雪よりも固い物体」ですが、昔は夏に降る雹も含めてアラレといったそうです。次の例のアラレは冬のアラレです。

　　霜の上に霰（あられ）たばしりいや増しに我は参（まゐ）来（こ）む年の緒長（を）く（万葉集 4298）

　アラレの語源探索もやさしくはありません。漢語にアラレとほぼ同義の語として、霰（săn）以外に、霰雪（サンセツ）、雹霰（ハクセン）、流霰（リュウサン）、粒雪（リュウセツ）などがありますが、これらがアラレになる可能性はゼロです。また、従来の語源説のどれを見ても、説得力があるように思われる説はありません。

　私は、アラレの語源を次のように考えています。

アラレ（霰）

ァ　散（san サン）「ちる・はなれる」
ラ　乱（luan ラン）「みだれる・みだす」
レ　離（lɪar リ）「はなれる・はなす」
◆　散乱（サンラン）「乱れ散らばる」
　　乱離（ランリ）「ちりぢりになる」

　アラレは sa-lua-lɪa に対応するサラレを経た形で、「ぱらぱらと散らばる」イメージに根ざした語のようです。

第60話 カゼ(風)とアラシ(嵐)

　目に見えないものに名前を付けるのは簡単なことではありません。私たちの先祖はどうやってカゼ（風）という言葉を作ったのでしょうか。

　風はビューンと吹くと多くの人がいいます。であれば、「ビューン」かそれに似た音が風を表す言葉になっていても不思議ではありません。実際、上古漢語の風（pluəm）はそういう風の音を表す擬声語です。英語の wind も歴史を遡ると吐息の音に行き着くようです。

　前田富祺監修『日本語源大辞典』に15説にも及ぶカゼの語源説が紹介されています。その中には「古形カザの転」というだけのものも含まれていますから、正確には14説の起源説が存在するというべきでしょう。それにしても、これだけの数の説があるということは、カゼの語源が不明だということとほとんど同じです。

　先学の説を紹介していても埒が明かないので、私自身の考えを述べます。

カゼ／カザ(風)、カゼ(風邪)

ヵ　気（kʰɪəd ケ）「いき・気体」

ゼ　喘（tʰiuan セン）「あえぐ・あえぎ」

　◆　気喘（キタン）「あえぐ・あえぎ」

　カゼは、「気喘」の kʰɪə-tʰiua に対応する形だと思います。カゼ（風邪）という語は、風邪をひくと、あえぐように咳をすることによる派生語にちがいありません。

ついでにいうと、東の風、とくに春の東風をコチ（東風）といいますが、この語は東風がビューンとあえぐように吹くことに注目した同源の語でしょう。菅原道真が大宰府に発つときに歌った「東風吹かばにほひおこせよ梅の花あるじなしとて春な忘れそ」という歌に見えるコチも、そういう強い風であると思われます。

　さて、次はアラシ（嵐）についてです。

　　大海に嵐な吹きそしなが鳥猪名の湊に舟泊つるまで
　（万葉集 1189）

　「嵐」という漢字は「山＋風」ですが、アラシの語源は上の歌に詠まれているような海の景色と関係があると予想したうえで、次に示すような対応を考えました。

アラシ（嵐）
- ァ　疾（dziet ジチ）「はやい」
- ラ　風（pлɪuəm フウ／フ）「かぜ」
- シ　潮（dɪɔg デウ）「しお」
- ◆　疾風（シップウ）「速く激しく吹く風」
　　風潮（フウチョウ）「大風と津波」

　アラシは dzie-pлɪuə-dɪɔ の語頭子音 dz と二重子音 pl の p を失った形に対応します。もとはサラシという発音だったと推定されます。ちなみに、漢語の風（pлɪuəm）と嵐（ɓləm）は同源で、前者は pl の l を失い、後者は ɓl の ɓ を失いました。

　ベニ（紅）は、紅花から作った鮮紅色の顔料をおしろいに混ぜた化粧品でした。これは飛鳥時代に高麗からもたらされたといいますが、これが当時の日本でよく使われたという形跡はありません。また、これが何と呼ばれたかもわかりません。というのも、ベニという語は9世紀以前の文献に見つからないからです。そして、紫式部がこんな表現をしているからです。

　紅(べに)といふもの、いと赤(あか)らかにかいつけて、髪(かみ)けづりつくろひ給(かた)へる、さる方ににぎはゝしく、あひぎやうづきたり。（源氏物語　常夏）

　ベニの語源は明らかにされていません。「ホホニ（頬丹）の義」や「ノベニ（野延）の義。紅花をのべた丹の意」という説があるくらいです。「ホホニ」説は、ホホニという語形を見つけないかぎり、苦しい説です。「ノベニ」説は、ベニバナという語が先にあったことを前提にしているので論外だと思います。

　私が考えるヘニ／ベニの成り立ちは次のとおりです。

団玉(ダンギョク)（duan-ŋɪuk）「まるい宝石」→タマ（玉・珠）
輕粉(テイフン)（tɪeŋ-pɪuən）「べに」→ヘニ（紅）→ベニ（紅）

　タマ（玉・珠）というのは、「団玉」の「団」の音を反映した形です。つまり、ŋɪuk を省いて duan をタマにした

のです。これと同様に、ベニというのは「經粉」の「粉」を反映した形です。つまり、tɪeŋ を省いて pɪuən をヘニとしたのです。形式的には、ヘニの原義は「粉」ということになります。なお、ヘニがベニになった時期は不明です。

　次にムラサキ（紫）という色名の起源について述べますが、これは定説に対する私の反論です。

<ruby>託馬野<rt>つくまの</rt></ruby>に<ruby>生<rt>お</rt></ruby>ふる<ruby>紫草衣<rt>むらさきぎぬ</rt></ruby>に染めいまだ着ずして色に<ruby>出<rt>い</rt></ruby>でにけり（万葉集395）

　このように、ムラサキは草の名前でもありました。というより、紫色の顔料を作る草の名が先にあったと見られています。そしてその語源は「叢咲の義」とか、「薄く濃くムラムラ咲の意か」などといわれます。しかし私はこういう語源説が信用できません。次のような成り立ちの色名が先にあったと見る方が自然ではないでしょうか。

ムラサキ（紫）

- ム　緋（pɪuər ヒ）「あざやかな赤」
- ラ　緑（b̥lɪuk ロク）「みどり」
- サキ　色（sïək シキ）「いろ」
- ◆　緋緑（ヒリョク）「緋色を帯びたみどり・朝服」
  　緑色（リョクショク）「みどり色」

　上の pɪuə-b̥lɪu-sïək の b̥ を欠いた形がムラサキに対応します。そしてこのムラサキという色の名が草の名にもなったのだと思います。

第62話　トドロク(轟く)とクハバラ(桑原)

　トドロク（轟く）という語は、擬音語トドロ（轟）に動詞化語尾のクが付加された形だといわれます。しかし私は、動詞化語尾のク／グなるものは存在しないと考えています。そのように見なされてきたク／グはすべて、漢語のgやŋの音に対応しています。例を示してみましょう。

　噪噪（sɔg-sɔg）「騒ぐ」→ソソク（噪く）
　績紡（tsek-pʰɪaŋ）「績ぐ」→ツムグ（績ぐ）
　覆蔵（pʰɪog-dzaŋ）「覆い隠す」→フタグ（塞ぐ）
　闊朗（kʰuat-laŋ）「寛ぐ」→クツログ（寛ぐ）

　トドロクの成り立ちはこれらと同じではありませんが、似たところがあります。

トドロク(轟く)、トドロ(轟)
ト　電（den デン）「いなずま・いなびかり」
ド　霆（deŋ ヂャウ）「いなずま・とどろく」
ロク　隆（lɪoŋ ル）「さかん・もりあがる」
◆　電霆（デンテイ）「雷光と雷鳴」

　このようにトドロクは「電霆」に「隆」が付いた形ですが、この「隆」は雷や車輪のゴロゴロという音を形容する隆隆（リュウリュウ）とほとんど同義です。トドロクのクがこの語の語末音ŋに対応していることは明らかです。
　さて、ク／グが動詞化語尾だというのは文法家による架

空の想定ですが、クハバラクハバラという呪文が「桑原」だというのは昔の人の作り話だと思います。堀井令以知編の『語源大辞典』に次の解説が見られます。

　　　……雷神が農家の井戸に落ちたとき、村人が井戸にふたをして出すまいとした。そのときに雷神は、桑の木が嫌いだから、「桑原桑原」と唱えたら二度と落ちないと約束して許された伝説がある。また、菅原道真が流罪になってのち、菅原家所領の桑原には落雷がなかったという言いつたえから「桑原桑原」という、などの説がある。(p. 90)

このような伝説がなぜ生まれたのでしょう。その根本的理由はクハバラという語の成り立ちにあると思います。私が考えるクハバラの語源は次のとおりです。

クハバラ（桑原）

ク　　恐（kʰɪuŋ ク）「おそれる」

ハ　　怖（pʰag フ）「おそれる」

バ　　畏（・ɪuər エ）「おそれる」

ラ　　慄（lɪet リチ）「ふるえる」

◆　　恐怖（キョウフ）「おじけ怖がること」

　　　怖畏（フイ）「恐ろしく思うこと」

　　　畏慄（イリツ）「恐れおののくこと」

クハバラは、kʰɪu-pʰa-・ɪuə-lɪe に対応します。「桑原」というあて字があれやこれやの伝説を生んだのでしょう。

第63話 クサカ（草香）とクサカ（日下）

　かつての河内国に草香邑がありました。現在の東大阪市日下町あたりにあった村です。そこは生駒山脈のふもとで、急な傾斜地である孔舎衙坂を越えて奈良に通じる「日下直越」の西の端でした。

　さて、ここでの話の中心はクサカの漢字表記です。クサカを「草香」と書いたり「日下」と書いたりするのはなぜでしょう。いちばんの問題は「日下」です。これは先学たちにとっても大きな関心事だったようです。谷川健一は、『列島縦断 地名逍遥』のなかで次のように述べています。

　　それでは日下と書いてクサカと訓ませたのはどこに理由を求めることができるか。賀茂真淵によれば、クサカは低坂の義で、ヒを省くとクサカとなるという。本居宣長は、日下の地名の義は不詳であるとしながら、付近に暗　峠という地名のあることから、暗坂という意で、クサカといったのではないか、ともいう。それは、日が下ると暗いものであるから、というのである。
　　吉田東伍は、日を古くはカと呼んだ。それが転じてクになった。下はサガリのリを省いたものである。したがって日下をクサカと呼んだと説明している。
　　松岡静雄は、孔舎衙の一戦に、皇軍は日に向かって坂をのぼったから不利であったという伝説にもとづいて日下という字をあてたのか、あるいは……と言っている。以上、真淵、宣長、東伍、静雄の四人の説はいずれも充分な説得力に欠けている。（pp. 322-23）

谷川はこう述べたあと、「日の下のクサカ」という枕詞的な修飾句がはじめにあったと仮定する西宮一民の説にもとづいて、「日下の草香」は「ヒノモトのクサカ」と訓むのが正しく、これが「日下」をクサカと訓ませるもとになったといいます。そして、草香の地が「難波のもっとも東がわにある生駒山脈のふもとに位置していて、昇る太陽を迎え祀る場所だから」そのように訓まれるというのです。

　谷川のこの説は仮定の上に仮定を重ねた空論です。そもそも、草香邑のクサカは次のような成り立ちの地名です。

クサカ（草香）

- ク　　急（kɪəp コフ）「傾斜がきつい」
- サ　　峻（siuən シュン）「たかい・けわしい」
- カ　　嶮（ŋiam ゲム）「けわしい・きりたつ」
- ◆　　急峻（キュウシュン）「傾斜が急で険しい」
　　　峻嶮（シュンケン）「山などが高く険しい」

　地名のクサカを「日下」と書くようになったのは、姓を表す日下との混同が生じたからだと思います。下に示すように、姓の日下はその原義にぴったりの漢字表記です。

クサカ（日下）

- ク　　輝（hɪuər クエ）「かがやく・てる」
- サカ　燭（tiuk ソク）「ともしび・てらす」
- ◆　　輝燭（コウショク）「輝き照らす」

　「日下」は「輝燭」の意味を表す表記だったのです。

第64話　トコシヘ(永久)とトコシナヘ(永久)

　トコシヘ（永久）とトコトバ（常・恒）は姉妹語です。
いずれも助詞のニ（に）を伴って用いられます。

　　とこしへに夏冬行けや 裘 （かはごろもあふぎ） 扇 放たぬ山に住む人（万
　　葉集 1682）
　　これの世は移り去るとも常に栄残り坐せ後（とことばさのこいま）の世のため
　　又の世のため（仏足石歌）

　トコシヘの語源説に、トコはトコ（常）で、シは形容詞
語尾だという説があります。もっともらしい説ですが、こ
れだとトコシヘのヘが宙に浮いてしまいます。また、トコ
シヘは、「床石（とこし）な上（へ）」の意。岩の上にあっ
て不変の意から、永久、絶えずの意」（『岩波古語辞典』）
という説があります。これこそ説得力がありそうに思われま
すが、よく考えると変です。石は永久不変といえても、上
の建物は永久不変ではないからです。
　トコシヘ、トコトバの語源は次のように考えるのがよい
と思います。

トコシヘ(永久)、トコトバ(常・恒)

- トコ　柱（dɪug デュ）「はしら」
- シ　　石（dhiak ジャク）「いし」
- ヘ　　盤（buan バン）「いわ」
- ◆　柱石（チュウセキ）「柱の下の石・いしずえ」
　　石盤（セキバン）「大きくて平たい石」

トコシヘとトコトバはともに、dɪug-dhia-bua に対応しています。

　ここでついでに、トキハ（常盤）という語の起源にふれておきます。

> 常盤《ときは》なすかくしもがもと思へども世の事なれば留《とど》みかねつも（万葉集805）

　トキハは「トコ（常）イハ（磐）の約」（『岩波古語辞典』）ではありません。これは「石盤」と同源であり、その dhiak-bua がトコハに対応しています。上の歌の「常盤なす」のトキハ《ときは》は単に「岩石」という意味です。

　さて、もう1つ、よく似た言葉があります。「永久不変」を意味するトコシナヘ（永久）です。これもまた、誰かが智恵をしぼって考案した言葉でしょう。この語の有力な起源説に、「床石（とこし）な上（へ）の意。ナは連体助詞。しっかりした岩の上での意から、不変永遠にの意」（『岩波古語辞典』）という説がありますが、不変の象徴は石そのものです。トコシナヘの語源を私はこう考えます。

トコシナヘ（永久）

ト コ　柱（dɪug チウ）「はしら」

シ　　石（dhiak ジャク）「いし」

ナ　　年（nen ネン）「とし」

ヘ　　永（ɦɪuǎŋ キヤウ）「ながい」

　◆ 柱石（チュウセキ）「柱の下の石・いしずえ」
　　 年永（ネンエイ）「永い年月・永年」

第65話 タヒラ(平)とハラ(原)

　タヒラ（平）という語は基本語彙に属するので、もっとも古い和語の１つだと思われるでしょう。しかし、違うのです。次の例文を見てください。

　　　平処　此をば……陁毗邏と云ふ（日本書記 神代下）

　タヒラという語が奈良時代の新語であったことは明らかです。というより、上の文を書いた人がみずから考案した言葉なのです。その人は、第56話でふれたツブラ（円）という語を考案したのと同じ人だったと思います。
　タイラの語源説に「ヒタヒラ（直均・直平）の約か」、「タヒラ（手枚）の義」、「田開クの義」などの説がありますが、本当の起源は次に示す漢語です。

タヒラ(平)、タヒラカ(平らか)、タヒラグ(平らぐ)
- タ　坦（tʰan タン）「たいらか」
- ヒ　平（biǎŋ ビャウ）「たいらか」
- ラ　陸（lɪok ロク）「おか・大地」
- ◆　坦平（タンペイ）「たいらか・平坦」
  　平陸（ヘイリク）「平地」

　タヒラは tʰa-bɪǎ-lɪo に対応します。そしてタヒラカとタヒラグは tʰa-bɪǎ-lɪok に対応します。なお、ヒラ（平）という語は「平陸」と同源で、その bɪǎ-lɪo がヒラと対応しています。

次は、ハラ（原）という語についてです。この語をヒラ（平）と同源とする説や、ハル（晴る）と同源とする説があります。その一方で、前田富祺監修『日本語源大辞典』はこの語の意味を次のように説いています。

　　……「はら」は地形・地勢をいう語ではなく、日常普通の生活からは遠い場所、即ち古代的な神と関連づけられるような地や、呪的信仰の世界をさす語であったと考えられる。(p. 929)

これは無謀な意見です。ハラは昔から地形・地勢をいう言葉でした。このことは、ハラという語の成り立ちを示した次の対応からもわかります。

ハラ（原）

ハ　　坡（pʰuar ハ）「さか・つつみ」
ラ　　隴（lɪuŋ リュウ）「おか・長いうね」
◆　　坡隴（ハロウ）「丘・丘陵」

私が考える典型的なハラは「なだらかな傾斜のある見通しのきく台地」です。清少納言が

　　原は　あしたの原。粟津の原。篠原。園原。(枕草子109 段)

といったハラも、おそらくそういう景観の所であったと想像されます。

第66話 ウチアゲ（打ち上げ）とウタゲ（宴）

　みんなで催し物をした後でウチアゲ（打ち上げ）をすることがよくあります。ウチアゲはウチアグ（打ち上ぐ）の名詞形です。そしてウチアグは、「殴り打つ」という意味の殴打（·ug-těŋ）に由来するウツ（打つ）と「上がる・上げる」という意味の揚（ɖiaŋ）に由来するアゲ（上ぐ）とが結合した形です。

　このウチアグが、昔は次のように用いられました。

　　　この子、いと大きに成りぬれば、名を御室戸斎部の秋
　　　田を呼びて、つけさす。秋田、なよ竹のかぐや姫とつ
　　　けつ。この程三日、うちあげ遊ぶ。よろづの遊びをぞ
　　　しける。をとこはうけきらはず呼びつどひて、いとか
　　　しこく遊ぶ。（竹取物語）

　ここに見える「うちあげ遊ぶ」はどういうことを表しているのでしょうか。どんちゃん騒ぎの宴会をしているみたいに思われます。もう少し具体的にいうと、鼓を打ったり踊ったりして遊んでいるようです。

　しかしウチアグの本来の意味は、「手掌も掾亮に……拍上賜ひ」（日本書紀 歌謡）から想像されるように、「興に乗って手をたたき、手を振り上げること」であったと考えられます。わかりやすくいうと、ウチアゲはもともと盆踊りなどに見られるような仕草を表す言葉であったということになります。

　次の問題は、このウチアゲという語とウタゲ（宴）とい

う語との関係です。

　……七年の冬十二月の壬戌の朔に新室に讌す。（日本
　書紀　允恭7年12月）

　ウタゲはウチアゲから生まれたという考えが定説になっ
ています。これは本居宣長が「宇多宜は、拍上の切まりた
る名なり……酒を飲楽みて、手を拍上るより云る名なり」
（『古事記伝』）と述べたことによって広まった説です。
　私は、この説を知って「なるほど」と思いました。しか
しすぐに、これは変だと思いました。類例がないのです。
「立ち上がる→立ち上げ」、「知り合う→知り合い」、「生ま
れつく→生まれつき」のように、連用形は後続する音と融
合しません。だから、ウチアゲがウタゲになったとは考え
られないのです。
　築島裕ほか編『古語大鑑』に、ウタゲは「うた（歌）け
（食）」に由来する語と見ることが出来るかもしれない」と
述べられていますが、それよりも次のように、「宴集会」
という融合形の·e-dziə-ɦua がウタゲになったと見るのが
自然な解釈です。

ウタゲ(宴)

ウ　　宴（·en エン）「うたげ・さかもり」
タ　　集（dziəp ジフ）「つどう・あつまる」
ゲ　　会（ɦuad エ）「あつまる・あつまり」
◆　　宴集（エンシュウ）「酒盛り」
　　　集会（シュウカイ）「大勢が集まる・宴会」

第67話 ヲミナヘシ（女郎花）とスミレ（菫）

　ヲミナヘシ（女郎花）の語源は、ヲミナとヘシに分けて説かれてきました。そしてヲミナの成り立ちは、

> 接頭語ヲ（小）とオミナ（成人の女）との複合か。古くは美女・佳人の意であったが、後に女一般を指す。音変化してヲウナ・ヲンナに転じると、女性の一般名称となる。（『岩波古語辞典』、p. 1462）

という解釈が一般的なようです。一方、ヘシの由来に関しては、見方が分かれています。よく知られているのは、「ヘシは脇へ押しやる、力を失わす意。この花の美しさが美女をも顔色なくさせるの意か」（同上、p. 1462）という説です。これに対して吉田金彦編著『語源辞典 植物編』は、平安時代の『古今訓点抄』がヲミナベシと濁音読みをしていることを根拠にして、ヲミナヘシの語源はヲミナ（女）ベシ（推量）であり、「女なるべし」（女らしい花）が原義だとしています。そして次のように論じています。

> 「圧し」「植へし」説を否定された深津正は、オミナヘシと同属のオトコヘシ（男郎花）をあげ、ともに古くハイショウ（敗醬）と呼ばれたことに着目し、この漢語の音読みハイショウがヘシに変わったのだと確信的に説かれた（植物和名の語源探求）。しかし「ヘシ」の濁音だった点に失考があり、字音語から「ヘシ」が出たとする点も無理があると思われる。（p. 52）

敗醤は悪臭のするヲトコヘシのことです。ヲミナヘシの語源はこれではありません。私の考えるヲミナヘシの成り立ちは次のとおりです。

ヲミナヘシ（女郎花）

- ヲ　美（mɪuər ミ）「うつくしい」
- ミ　婦（bɪuəg ブ）「おんな」
- ナ　女（nɪag ニョ）「おんな」
- ヘ　伴（buan バン）「とも・ともづれ」
- シ　随（ɖiuar ズイ）「したがう」
- ◆　美婦（ビジョ）「美しい女」
  - 婦女（フジョ）「成人した女・女」
  - 女伴（ジョハン）「女の連れ」
  - 伴随（ハンズイ）「供をして一緒に行く」

　唇音の b、m、p とワ行半母音 w との対応は説明済みです。

　さて、ヲミナヘシが美女の象徴だったのに対して、スミレ（菫）は淑女の象徴でした。スミレの語源を墨つぼに求める従来の語源説は馬鹿げています。

スミレ（菫）

- ス　淑（thiok ジュク）「よい・しとやか」
- ミ　美（mɪuər ミ）「うつくしい」
- レ　麗（lār ライ）「うるわしい」
- ◆　淑美（シュクビ）「女性が気だてがよく美しい」
  - 美麗（ビレイ）「美しい・うるわしい」

第68話 ミサト(京)とミヤコ(都)

　車で遠出をするとき、高速道路を避けて脇道の一般道を走ることがあります。そんなとき、道が急に狭くなって山道になることがあります。対向車が来たらどうしようと案じながらヘアピンカーブをいくつも通って登って行くと峠に出ます。ほっとして下りのくねくね道を降りて行くと、あちこちに人家が見えます。そのとき、やっとサト（里）にたどり着いたという気持ちになります。

　サトは、人の住まない山野とは違って、人が集落を作って暮らしている所のことですが、不思議なことに、このサトという語に尊敬を表す接頭語のミを付けた形が「みやこ」を意味するミサト（京）だといわれます。ミサトの原義は「天皇の住むサト」という解釈が広く定説として受け入れられています。

　私は、このような定説を素直に受け入れることができませんでした。天皇の居住地が、少数の人家しかないサトと同列のものとして認識されたと思えなかったからです。ミサトという語にはまだ「知られていない原義があるのではないか、またその語の成り立ちには意外なからくりがあるのではないかと疑いました。

　そこでまず、サト（里）という語の起源を探りました。この語の起源説に、「サト（小所・小処）の義」、「サト（狭処）の義」、「人が集まり住み、聚落をなしている地をいうところから、多居の意のサハト（多処）の約」などの説がありますが、有力視されているような説はありません。私はあれやこれやの語を検討し、集団（シュウダン）という

漢語に目を付けました。そしてこの漢語がサトという和語になったと気づくと同時に、これがミサトの構成要素であることにも気づきました。ミサトは次のような成り立ちの語だと思います。

ミサト(京)

ミ　密（mǐĕt ミツ／ミチ）「すきまがない」

サ　集（dziəp ジフ）「あつまる・あつめる」

ト　団（duan ダン）「まるい・ひとかたまり」

◆　密集（ミッシュウ）「ぎっしりと集まること」
　　集団（シュウダン）「多くの人や物の集まり・群」

　サトは「集団」の dzia-dua に、ミサトは「密集団」の mǐě-dziə-dua に対応する形です。

　では、ミヤコ（都）の語源は何でしょう。『岩波古語辞典』によると、「ミヤは宮。コはココ・ソコのコ」とのことで、ミヤ（宮）は「ミ（霊力）ヤ（屋）の意。神や霊力のあるものの屋」とのことです。

　私はそうではないと思います。下に示すように、ミヤコは、ミヤケ（屯倉）やミヤ（宮）と同源で、その原義は「大家屋」です。昔は、ミヤコが「宮殿」を表すこともありました。

ミヤコ(都)、ミヤケ(屯倉)、ミヤ(宮)

ミ　豊（pʰioŋ フ）「ゆたか」

ヤコ　屋（·uk ヲク）「やね・や」

◆　豊屋（ホウオク）「大きな屋根・大きな家」

　建物の構造を表す言葉はいろいろとありますが、その語源が明らかでない語にムネ（棟）があります。ムネは「屋根のもっとも高い所・屋根の背」を表す言葉ですが、この語はムネ（胸）と同源だという説があったり、ミネ（峰）と同源だという説があったりします。私は、

　　峰（pʰɪuŋ）「みね」→ミネ（峰）→ムネ（棟）

という変化を想定するのが順当だと思います。前にふれたように、pʰ〜m、ŋ〜nという音対応はごく一般的です。
　さて、ムネの同義語にイラカ（甍）という語がありますが、この語の成り立ちも明らかにされていません。その語源説に「その葺いた様子が鱗に似ているから、イロコ（鱗）の転」、「イラ（刺）が語源」、「高くとがっている意をいう、イラカ（苛処）の義」などの説があります。これらの語源説はいずれも私見とは大違いです。イラカは次のようにミネ（峰）をイメージして作られた、というのが私の考えです。

イラカ(甍)

イ	峰（pʰɪuŋ フ）「みね・山のいただき」
ラ	巒（luan ラン）「みね・連山」
カ	巘（hiǎn ゲン）「みね・角だった山の峰」
◆	峰巒（ホウラン）「連なった山々」
	巒巘（ランケン）「山の峰」

イラカは pʰɪu-lua-hɪǎ に対応します。ヒラカを経てイラカになったのではないでしょうか。

語源が定かでない構造物の名前はほかにもあります。屋根の下にケタ（桁）がありますが、これは漢語の桁条（コウジョウ）と同源です。また、ケタの下にハリ（梁）がありますが、これは漢語の屋梁（オクリョウ）と同源だと思います。そして、ハリの下はそれを支えるハシラ（柱）です。この語の成り立ちがはっきりしません。従来の語源説は 10 説もありますが、どれも不満です。確信がないままに、私が考えるハシラの語源を示しておきます。

ハシラ（柱）

ハ　屋（・uk ヲク）「やね・や・おおい」
シ　柱（dɪug ヂウ）「はしら」
ラ　梁（lɪaŋ ラウ）「はり・うつばり」
◆　柱梁（チュウリョウ）「柱と梁・重要なものの支え」

ハシラに関して補足があります。神仏などを数えるときのハシラの起源は下のとおりでしょう。漢字表記が同じであるために、起源の違いが意識されてきませんでした。

ハシラ（柱）

ハ　威（・ɪuər キ）「おそれる」
シ　神（dien ジン）「かみ」
ラ　霊（leŋ リャウ）「みたま」
◆　威神（イシン）「すばらしい威力」
　　神霊（シンレイ）「造化の神・神の心」

　難解な歌に出合うと、私はうれしくなります。それを解釈する過程が楽しいからです。次の東歌は、そういう謎解きのおもしろさを味わった歌の1つです。

　　伊香保ろに天雲い継ぎかぬまづく人とおたはふいざ寝
　　しめとら（万葉集3409）

　この歌に先学たちがどういう現代訳を付けたか見ておきます（出典の詳細は第43話を参照されたし）。

①土屋文明訳
　　伊香保に天雲が次々とかかり、雷鳴のするように、人
　　が言い騒ぐ。さあ寝させよ、処女よ。
②中西進訳
　　伊香保山に、天雲が次々に出てからまりつくように、
　　しきりに皆がいい騒ぐ。さあ寝させよと。
③新 日本古典文学大系訳
　　伊香保の山に雨雲が次々に掛かり、「かぬまづくひと
　　とおたはふ」。さあ寝させなさい。

　上の①と②は男が共寝を追っているような解釈です。③は「触らぬ神に祟りなし」の方針を貫いています。
　私の解釈を示します。「伊香保ろ」のホロは「峰嶺」と同源です。その pʰɪuŋ-lɪeŋ の pʰɪu-lɪe がホロに対応します。また、pʰɪu-lɪeŋ が榛名山のハルナに対応します。最後

の「とら」は、同僚（duŋ-lŏg）の du-lŏ に対応する呼び掛け語です。そして、「かぬまづく」と「おたはふ」はこういう意味です。

カヌマヅク（かぬまづく）

カヌ　群（gɪuən グン）「むれ・むらがる」

マ　　峰（pʰɪuŋ フ）「みね・山のいただき」

ヅ　　肖（sɪɔg セウ）「かたどる・にる」

ク　　形（ɦieŋ ギャウ）「かたち・すがた」

　◆　群峰（グンポウ）「多くの山々」
　　　肖形（ショウケイ）「外観が似る・似せて作る」

オタハフ（おたはふ）

オ　　話（ɦɪuăd エ）「はなす・はなし」

タ　　談（dam ダム）「かたる・おしゃべり・はなし」

ハ　　讌（·ān エン）「さかもり・さかもりをする」

フ　　会（ɦɪuad エ）「あう・あつまる・あつまり」

　◆　話談（ワダン）「盛んに物語る・談話・物語り」
　　　談讌（ダンエン）「集まって楽しく話しあう」
　　　讌会（エンカイ）「酒盛りの会合・寛いだ宴」

　この歌は、同僚と連れ立って伊香保温泉に行ったときの宴会の模様を詠ったものです。民謡調の歌で、3518番の万葉歌はこれの替え歌です。わかりやすく訳すと、「伊香保の峰に山の形をした雨雲が群がり押し寄せて来たのに、みんなで酒を酌み交わしながら歓談している。さあ、お開きにして寝させておくれ、輩よ」のようになります。

　モロミ（醪）は、醸造してまだ糟をこしてない酒や醬油やひしお（醬）のことです。このような酒を、とくにモロミザケ（諸味酒）といいます。

　吉田金彦編『衣食住語源辞典』は、モロミの成り立ちを次のように解説しています。

> 醸造倉庫で酒なり醬油なりの完成品としないままにとり出して試みるということであるからムロ（室）ミ（試）、試食品というのが語源である。そのほか、米や大豆が柔らかく崩れやすいので、「脆い実」の意味とする説、汁と粕が相まじるので「諸実」の意とする説などがある。しかし、前説に関しては酒を精製して残った粕がなぜ「もろみ」といわないかが疑問であり、後説に関しては汁を「実」と表現する不自然さがある。(p. 319)

　モロミの語源は、もっと簡単に説明できます。モロミは融合形「白醪米」の bǎ-m̥lö-me に対応する形です。

モロミ（醪）

- モ　白（bǎk ビャク）「しろい」
- ロ　醪（m̥lög ラウ）「もろみ」
- ミ　米（mer マイ）「こめ」
- ◆　白醪（ハクロウ）「白酒」
- 　　醪米（ロウベイ）「酒米」

さて、ヒシホ（醢・醤）というのも古くからある発酵食品の名前ですが、これはどのような成り立ちの語でしょう。吉田金彦編の辞典に、次の解説が見られます。

　　①ヒはヘダテル（隔）の略転で、シオは塩の意。長時間たつと入れた物と塩とが離れることから。②ヒはヒ（日）で、シオはシオ（塩）の意。太陽の温度で醸造を促したことから。そのほか、③シシシホ（肉塩）説、④ホシシホ（乾塩）、⑤ヒタシシホ（浸塩・漬塩）、⑥ミソの転などの説があるが、①の説が良いであろう。(p. 268)

　私だったら、①は選びません。これよりも、③や④の方がよいと思います。しかし、シシシホやホシシホという形がヒシホという形になったと見るのは無理です。ヒシホの語源は２つの２字熟語の融合形「脯醤物」に求めるのが自然でしょう。

ヒシホ（醢・醤）
- ヒ　　脯（pĭuag フ）「ほじし・ほした肉」
- シ　　醤（tsiaŋ サウ）「ししびしお」
- ホ　　物（mĭuət モツ／モチ）「もの」
- ◆　脯醤（ホショウ）「ししびしお」
- 　　醤物（ショウブツ）「ひしお」

ヒシホは pĭua-tsia-mĭuə に対応する形です。なお、シホ（塩）の語源はヒシホのシホと同じだと考えられます。

第72話 ニジ(虹)とニシキ(錦)

　ニジ（虹）の語源説はたくさんあります。『日本国語大辞典』に 12 説が紹介されていて、その中に「ニは丹、ジは風の義」という説や、「ニジミ（丹染）の意か」という説、また「ニは丹で赤の意、シは白の意」という説や、「蛇の精であるヌジの転」という説や、「古くはヌシでムシ（虫）の転」という説などがあります。有力な説といえるようなものは存在しません。

　ニシの語源を探るにあたって私が注目したのは、ニジを表す漢語の霓（ŋer）です。前に何度かふれたように、漢語の ŋ は日本語で n の音によくなります。そこで、ŋer の ŋe がニジのニになったのではないかと見当をつけました。そのうえで、ニジのジは何に対応する音だろうかと考え、あれこれの可能性を探りました。こうしてたどり着いた結論を下に示します。

ニジ(虹)

=　霓（ŋer ゲ／ゲ）「にじ」
ジ　裳（dhiaŋ ジャウ）「も」
　◆　霓裳（ゲイショウ）「虹のように美しい裳（も）」

　「美しい裳」を漢語で「虹のような裳」だと表現し、この表現が日本語でニジになったのです。ですから、ニジの原義は「裳のように美しいもの」であったと考えられます。ニジは、ちょっとややこしい造語です。

　次は、ニシキ（錦）という語についてです。ニシキは、

いくつかの種類の色糸を使って地織りと文様を織り出した織物のことです。麗しい物や秋の紅葉をニシキに喩えることともよくあります。

さて、吉田金彦編『衣食住語源辞典』はニシキの語源説を次のように総括しています。

> 丹繁（にしき）は、赤を本として目の繁き意、あるいは丹敷（にしき）の意とするもの（『大言海』他）、和繁すなわち種々の色糸が相和して目の繁き美しい布の意とするもの（『日本語語源辞典』）、色々の糸で織ってあるから丹白黄（にしき）の意であるとするもの（『日本釈名』）、その他がある。丹は顔料としての赤土赤色を指し、シキは動作がしばしば行われる意のシク（頻）の名詞シキで、色糸で文様を織り重ねたものというのが語源となっている。（p. 239）

私はここで新しい説を加えます。下に示すように、ニシキは「虹のように美しい裳（も）のすそ飾り」がその原義です。この語も誰かが知恵をしぼって作った言葉でしょう。

ニシキ（錦）

ニ 霓（ŋer ゲ／ゲチ）「にじ」
シ 裳（dhiaŋ シャウ）「も」
キ 錦（kɪəm コム）「にしき」

◆ 霓裳（ゲイショウ）「虹のように美しい裳（も）」
　裳錦（ショウキン）「すそ飾り」

ニシキは「霓裳錦」の ŋe-dhia-kɪə に対応しています。

サゴロモ（さ衣）とは何のことでしょう。

さ衣の小筑波嶺ろの山の崎忘ら来ばこそ汝を懸けなはめ（万葉集3394）

サゴロモノ（さ衣の）は、衣の緒と接頭語ヲとが同音であることにもとづく、ヲにかかる枕詞だといわれます。なるほど、と思います。しかし、ただそれだけの解釈では物足りません。サゴロモはこういう言葉ですから。

サゴロモ（さ衣）

サ　素（sag ス）「もと・しろい」
ゴロ　衣（・ɪər エ）「ころも・きる」
モ　服（bɪuək ブク）「きもの・ふく」
　◆　素衣（ソイ）「白絹の衣・白い着物」
　　　衣服（イフク）「着る物・着衣」

「さ衣の小筑波嶺ろ」は、筑波山の峰が白衣をまとったように雪化粧をしたさまを描写した表現でしょう。

問題はここからです。コロモ（衣）は漢語の衣服（イフク）と同源で、その・ɪər-bɪuək の部分がコロモと対応しています。わかりやすく別のいい方をします。「衣」の・ɪər はおそらく、kɪər → fɪɪər → hɪər →・ɪər という変化をたどった形であり、もとの kɪər がコロモのコロになったと思ってください。ちなみに、この kɪər は日本語のキル（着る）と

同源です。コロモとキルはとても古い言葉のようです。

　さて、コロモはツバメの異名であるツバクラメの語形成
にかかわっています。

　「……石上の中納言には燕の子安の持たるかい、ひ
　とつ取りて賜へ」と言ふ。（竹取物語）

　ツバクラメに関してはっきりしているのは、この語の本
来の発音がツハクラメだったことです。そして、はっきり
しないのは語源です。従来の語源説はいろいろですが、私
の考えはそれらのどれとも似ていません。

ツハクラメ (燕)

ッ	社	(dhiăg ジャ)	「やしろ」
ハ	燕	(・ăn エン)	「つばめ」
クラ	衣	(・ɪər エ)	「ころも・きる」
メ	服	(bɪuək ブク)	「きもの・ふく」
◆	社燕	(シャエン)	「つばめ」
	燕衣	(エンイ)	「天子が平常時に服する衣」
	衣服	(イフク)	「着る物・着衣」

　ツハクラメのツハはツバメのツバと同源です。ツバメの
メは・ăn の n に対応する音です。また、ツハクラメのクラ
メはコロモと同源です。このように、ツハクラメの原義は
「天子が着用する燕に似た平服」です。ツハクラメもま
た、誰かがややこしいことを考えて作った言葉です。はた
して製作者の意図は伝わったでしょうか。

第74話 サワラビ（さ蕨）とツクヅクシ（土筆）

昔、ワラビ（蕨）をサワラビ（さ蕨）ともいいました。

いはばしる垂水の上のさわらびの萌え出づる春になり
にけるかも（万葉集1418）

ワラビのことを漢語で拳菜（ケンサイ）といいます。ワ
ラビが拳を突き上げたように生えているからです。ホーム
ランを放った打者がガッツポーズをしたり、勝利した兵士
が勝ちどきをあげたりしているように見えます。

ワラビ、サワラビという語は、このような力を誇示する
万国共通のジェスチャーを意識した造語のように思われま
す。私が考えるサワラビの成り立ちは次のとおりです。

サワラビ（さ蕨）

サ　手（thiog シュ）「て」
ワ　腕（·uan ワン）「うで」
ラ　力（lɪək リキ）「ちから」
ビ　弁（bɪan ベン）「かたる」
 ◆　手腕（シュワン）「腕・腕前・能力」
　　腕力（ワンリョク）「腕の力」
　　力弁（リキベン）「力説する」

サワラビは、「手腕力弁」の thio-·ua-lɪə-bɪa に対応する
形です。ワラビは「腕力弁」の·ua-lɪə-bɪa に対応します。
サワラビとワラビのどちらが古い形であるのかわかりませ

ん。なお、上の万葉歌のサワラビを「早蕨」と見て、この歌を早春の歌とする向きがありますが、私は春の盛りを詠んだものだと思います。

さて、ツクシ（土筆）のことを昔はツクヅクシ（土筆）といいましたが、この語の起源は何でしょう。

> ……蕨、つくづくし、おかしき籠に入れて、「これは童の供養じて侍はつをなり」とてたてまつれり。（源氏物語 早蕨）

私はツクヅクシの成り立ちがなかなかわかりませんでした。しかし、ワラビを意味する紫蕨（シケツ）という漢語の存在を知ったとき、これがツクヅクシの謎を解く鍵になると確信しました。私が考えついたツクヅクシの語源は次のとおりです。

ツクヅクシ（土筆）

- ッ　　似（ɖiəg ジ）「にる」
- ク　　偽（ŋɪuar ギ）「いつわる」
- ヅ　　紫（tsiěr シ）「むらさき」
- クシ　蕨（kiuǎt）「わらび」
- ◆　　似偽（ジギ）「偽物」
- 　　　紫蕨（シケツ）「わらび」

ツクヅクシの原義は、「偽ワラビ」です。こういう名付けの発想に私はすっかり意表を突かれました。これまでずっと、ツクシは筆に似ていると思ってきたからです。

第75話　カモメ（鷗）とウタカタ（泡沫）

　昔、カモメ（鷗）はカマメと呼ばれました。

　　……海原は　鷗 立つ立つ　うまし国そ　蜻蛉島　大
　和の国は（万葉集2）

　吉田金彦編著『語源辞典 動物編』は、カマメの語源に
ついて次のように説いています。

　　……カマは『肥前風土記』の「蠅声甚囂（かまシ）」
　のカマでやかましく、うるさい有様を表す。平安時代
　に見られる「あなかま（嗟囂）のカマに同じ。カモメ
　が喧しく鳴きながら飛び交っているさまから。メはム
　レ（群）の約というのが穏当なところではないだろう
　か。（p. 74）

　何という語源解釈でしょう。カマメをこんなふうに見る
のはかわいそうです。次のように、カマメはロマンチック
な名前だと思います。

カマメ／カモメ (鷗)
- カ　　海（məg カイ）「うみ」
- マ　　鳬（bɪug ブ）「のがも・かも」
- メ　　舫（pɪaŋ ハウ）「もやい・ふね」
- ◆　海鳬（カイフ）「うみかもめ（海鷗）」
　　　鳬舫（フホウ）「鷗の形の船・鷗の形を彫った船」

カマメは m̥ə-bɪu-pɪa に対応する形で、「カモメの形をした船・カモメの形を彫った船」がその原義です。なお、m̥〜k の音対応は漢字音のカイにもとづく対応です。

　さて、次はウタカタ（泡沫）についてです。この語は

　　よどみに浮かぶうたかたは、かつ消えかつ結びて久しくとどまりたるためしなし。（方丈記）

で有名になった言葉ですが、これを誰が考案したかは不明です。また、その語源も定かではありませんでした。もちろん、私にとってもウタカタは語源不詳の言葉でしたが、ふとしたことから、この語がカモメと縁のある言葉であることに気づきました。私が考えるウタカタの成り立ちを下に示してみましょう。

ウタカタ（泡沫）

ゥ　漚（·ug ウ）「あわ・かもめ」
タ　鳥（tög テウ）「とり」
ヵ　挙（kɪag コ）「あがる・あげる」
タ　動（duŋ ヅウ）「うごく・うごかす」

◆　漚鳥（オウチョウ）「かもめ（鷗）」
　　鳥挙（チョウキョ）「鳥のように飛ぶ」
　　挙動（キョドウ）「ふるまい・動作」

　よどみにたまった水泡が強風に吹かれて舞い上がることがあります。誰かが、これをカモメが飛び交う光景と重ねて、ウタカタという言葉を作ったのです。

第 3 章

古事記神話の超新型造語法

はじめに

　本居宣長は「 古の語言のまま」が記されている『古事記』から「上代の清らかな正実」が得られると信じていましたが、私にとっての『古事記』は言葉遊びの宝庫のような物語、あるいは謎々が満載されたファンタジーです。古事記神話には、言葉をもて遊ぶ上代の時代精神が隠されているように思われます。

　この章の目的は、『古事記』の天地初発の話から欠史八代の記事までに現れる神名や地名の語源を明らかにすることです。そんなことができるのかと思われるかもしれませんが、それなりの手順を踏んでかかれば、できなくもないと考えています。

　さて、『古事記』の神の物語は創作されたものです。だから、作者がいます。それは、『古事記』の編集に携わった太野安万侶でしょう。作者の安万侶がわけのわからない神名や地名を作ったにちがいありません。

　問題は、それをどうやって作ったかです。めちゃくちゃに音を並べたのではなく、何らかの方法にもとづいて名付けをしたはずです。そしてその方法を知っていたら、名前がどういう意味を表すのか、また名前にどういう裏の意味があるのか察しがつくようになっていると考えられます。誰が何をやっても意味がさっぱりわからないような名を作者は作らなかった、と見るのが自然です。

　では、古事記神話の作者が依りどころにした名付けの基本的原理はいったい何であったのでしょう。私は次のように考えます。

①漢語の2字熟語を「名は体を表す」ように配列して、これを融合形にする。いくら長くてもよい。
②融合形の中古音にもとづいて名前の音を決める。名前の音は中古音と似ている程度でよい。
③名前の音に「体」が露呈しないような漢字をあて、読者の意表を突こうとする。

　これを具体例に即して説明します。天孫降臨の話に、ホノニニギ（番能邇邇芸）の同行者として、祭祀に携わった忌部氏の祖だというフトダマ（布刀玉）が出てきますが、このフトダマという名は「忌」にちなんだ次のような成り立ちの名前です。（ここからは、中古音を示します。）

フトダマ（布刀玉）

　フ　　怖（pʰo フ）「おそれる」
　ト　　懾（tʃɪɛp ／ ʃɪɛp セフ）「おそれる」
　ダマ　憚（dan ダン）「はばかる」
　◆　怖懾（フショウ）「恐れおののく」
　　　　懾憚（ショウタン）「恐れはばかる」

　作者には、中古音の pʰo-tʃɪɛp-dan を和語に変えるいくつかの選択肢がありました。フセダ、フセタマ、ホセフダマ、ホトダでもよかったのですが、フトダマに決めて、「布刀玉」という漢字をあてました。この漢字表記からフトダマに込められた意味を探しあてることはできません。これは、ほかの名前についてもいえることです。
　古事記神話の語源探索には空想力が要ります。

第76話　天地初発の神

「天地初めて発けし時に高天原に成りませる神の名は、天之御中主神。次に高御産巣日神。次に神産巣日神。この三柱の神は並びに独神と成りまして、身を隠したまひき。」古事記神話の冒頭は、舞台に現れた登場人物が名前だけを名のって退場するみたいです。

　名は体を表すといいますが、神の正体は名前の裏側に隠されています。空想の翼をいっぱいに広げて、それを暴いてみましょう。

アメノミナカヌシノカミ（天之御中主神）

ァ　　安（・an アン）「やすらか・やすんずる」

メノ　分（biuən ブン）「もちまえ・本分」

ミ　　封（pioŋ フウ）「もりつち・領土」

ナ　　内（nuəi ナイ）「うち・なか」

カ　　外（ŋuai グェ）「そと・ほか」

ヌ　　人（niĕn ニン）「ひと」

シノ　臣（ʒiĕn ジン）「おみ・家来」

カミ　宦（ĥuăn グェン）「つかさ・役人」

◆　安分（アンブン）「現在の身分に満足する」

　　分封（ブンポウ）「諸侯とする・封建」

　　封内（ホウナイ）「領内」

　　内外（ナイガイ）「内と外・自国と外国」

　　外人（ガイジン）「外国人・よその社会の人・他人」

　　人臣（ジンシン）「君主に対する家来・臣下」

　　臣宦（シンカン）「官吏」

タカミムスヒノカミ（高御産巣日神）

タ	財（dzəi ザイ）「たから」
カ	貨（hua クヮ）「金銭・しなもの」
ミ	物（mɪuət モツ／モチ）「もの」
ム	繁（bɪuɐn ボン）「しげる・しげし」
ス	殖（ʒɪək ジキ）「ふえる・ふやす」
ヒノ	民（miĕn ミン）「たみ・庶民」
カミ	艱（kʌn ケン）「かたい・つらさ・なんぎ」

- ◆ 財貨（ザイカ）「財産としての金銭と物資」
  - 貨物（カモツ）「宝物・品物・物資」
  - 物繁（ブツハン）「物が増えること」
  - 繁殖（ハンショク）「繁り増える・生まれ増える」
  - 殖民（ショクミン）「新領地への移民」
  - 民艱（ミンギン）「民の苦しみ」

カムムスヒノカミ（神産巣日神）

カム	喧（hɪuɐn コン）「かまびすしい」
ム	繁（bɪuɐn ボン）「しげる・しげし」
ス	息（siək ソク）「いき・やすむ・むすこ」
ヒノ	民（miĕn ミン）「たみ」
カミ	間（kʌn ケン）「あいだ・あいま」

- ◆ 喧繁（ケンハン）「人がたくさんいてやかましい」
  - 繁息（ハンソク）「穀物が繁り家畜の子が増える」
  - 息民（ソクミン）「民を休める」
  - 民間（ミンカン）「一般民衆の中」

アメノミナカヌシノカミ（天之御中主神）という名は、

この神が宇宙のど真ん中に鎮座している最高神のような印象を与えます。しかし私の上の想定が正しければ、この神は上方志向のない平凡な神です。

一方、タカミムスヒノカミ（高御産巣日神）という名は、この神が繁殖を司る位の高い神であるような印象を与えます。実際に、この神は大そうな実力者で、のちに高天原の支配者となるアマテラスオホミカミ（天照大御神）をしのぐほどになります。しかし、この神は物資と金銭を増やすことに熱心です。ちなみに、タカミムスヒノカミは物語の途中からタカギノカミ（高木神）と呼ばれるようになりますが、この名の由来は次のとおりです。

タカギノカミ（高木神）

タ	財（dzəi ザイ）	「たから」
カ	貨（hua クッ）	「金銭・しなもの」
ギ	貢（kuŋ ク）	「みつぐ・みつぎもの」
ノ	納（nəp ノフ）	「おさめる・いれる」
カミ	献（hɪʌn コン）	「たてまつる・さしあげる」

◆ 財貨（ザイカ）「財産としての金銭と物資」
　　貨貢（カコウ）「みつぎもの」
　　貢納（コウノウ）「みつぎものを納入する」
　　納献（ノウケン）「みつぎものを献上する」

カムムスヒノカミ（神産巣日神）という神名にも、二重の意味が認められます。表の意味は「神を次々に生む神」ですが、その裏に「かまびすしい」という意味が隠されているようです。カムムスヒノカミは口数の多い気さくな性

格の世話役だったかもしれません。

　さて、上記の三柱の神が身を隠したあと、高天原に別の神が現れました。本文に、「葦牙の如く萌え騰る物に因りて成りませる神の名は、宇摩志阿斯訶備比古遲神。次に、天之常立神」と述べられています。私が考えるこれら神名の由来は次のとおりです。

ウマシアシカビヒコヂノカミ（宇摩志阿斯訶備比古遲神）

ウ	容	（yioŋ ユウ）「かたち・すがた」
マ	貌	（mǎu メウ）「かたち・すがた」
シ	醜	（tʃʰɪəu シュ）「みにくい」
ア	悪	（·ak アク）「わるい・いやな」
シカ	食	（dʒɪək ジキ）「くう・たべもの」
ビ	品	（pʰɪəm ホム）「しな・しなもの」
ヒ	評	（bɪʌŋ ビャウ）「あげつらう」
コ	価	（kǎ ケ）「あたい」
ヂノ	銭	（dziɛn ゼン）「ぜに」
カミ	貫	（kuan クヮン）「つらぬく・穴あき銭」

　◆　容貌　（ヨウボウ）「顔かたち・姿かたち」
　　　貌醜　（ボウシュウ）「容貌が醜い」
　　　醜悪　（シュウアク）「顔かたちが醜い」
　　　悪食　（アクショク）「まずい食べ物」
　　　食品　（ショクヒン）「食べ物・食糧品」
　　　品評　（ヒンピョウ）「品定めをする」
　　　評価　（ヒョウカ）「品ものの値だん・値を決める」
　　　価銭　（カゼン）「値だん」
　　　銭貫　（ゼンカン）「銭を通すひも・銭さし」

アメノトコタチノカミ（天之常立神）

ァ 夷 （yii イ）「えびす・ひくい・たいらぐ」

メノ 泯 （miěn ミン）「ほろびる」

ト 絶 （dziuɛt ゼツ／ゼチ）「たえる・たやす」

コ 技 （giě ギ）「わざ・たくみ」

タチ 術 （dʒiuět ジュツ／ズチ）「わざ・すべ」

ノ 能 （nəŋ ノウ／ノ）「あたう・よく・よくする」

カミ 官 （kuan クヮン）「つかさ・役人」

◆ 夷泯 （イビン）「亡びる」

泯絶 （ビンゼツ）「亡びる」

絶技 （ゼツギ）「絶妙な技」

技術 （ギジュツ）「うまく行うわざ」

術能 （ジュツノウ）「うまく行う能力」

能官 （ノウカン）「能力のある役人・能吏」

古事記神話には、わけのわからない名前がいっぱい現れます。その一方で、ある種のイメージを喚起する神名もあります。上の二柱の名もそういう例といえるでしょう。ウマシアシカビヒコヂノカミには、「若い芽のような物で作ったうまそうな食べ物の神」といった意味が感じられます。またアメノトコタチノカミには、「世界を支える石礎の神」という意味が感じられます。しかし、これは表面的な意味です。作者がもくろんだ裏の意味は、「見た目が悪くてまずい安物の食べ物の神」、「途絶えそうな技術を有する能吏の神」です。

名前に込められた裏の意味があることを忘れてはいけません。作者は読者の裏をかくことに夢中です。

第77話 **神世七代の神**

「昔、ある所におじいさんとおばあさんが住んでいました」とくれば、「おじいさんは山にしば刈りに、おばあさんは川に洗濯に行きました」のようになるのが普通でしょう。ところが古事記神話では、「高天原に現れた三柱の神はどこかに身を隠してしまいました。次に現れた二柱の神もどこかに消えてしまいました」といった具合です。まったく話にならない、人をくったような語り口ですが、ここは辛抱のしどころです。

さて、神世七代の神というのは一世から七世まで連なる神の系譜です。三世目から男女のペアーで、最後がイザナキ（伊耶那岐）とイザナミ（伊耶那美）のカップルです。

最初に、一世の神の名を取りあげます。

クニノトコタチノカミ（国之常立神）

ク	寛	（kʰuan クワン）「ひろい・ゆるやか」
ニノ	仁	（niĕn ニ／ニン）「ひと・隣人愛や同情の気持ち」
トコ	篤	（tok トク）「あつい・きまじめ」
タチ	実	（dʒiĕt ジチ）「み・みのる・まこと」
ノ	年	（nen ネン）「とし・よわい」
カミ	顔	（ŋăn ゲン）「ひたい・かお」

◆ 寛仁（カンジン）「心広く・慈悲深い」
　　仁篤（ジントク）「心やさしく寛厚である」
　　篤実（トクジツ）「親切で誠実である」
　　実年（ジツネン）「届出とは異なる実際の年齢」
　　年顔（ネンガン）「年齢相応の顔色」

クニノトコタチノカミは、前述のアメノトコタチノカミのアメがクニに変わった名ではありません。この神名は、「年齢を偽って官吏になったが、顔は年相応の心やさしい神」というのが作者のもくろんだ裏の意味だと思います。言葉遊びとして上出来の名付けといってよいでしょう。

　次は、神世七代の二世（ふたよ）にあたる神の名です。

トヨクモノノカミ（豊雲野神）

ト　　恬（dem デム）「やすらか」

ヨ　　裕（yiu ユ）「ゆたか」

ク　　寛（kʰuan クァン）「ひろい」

モ　　平（bιʌŋ ビャウ）「たいらか」

ノノ　人（niěn ニン）「ひと」

カミ　鑑（kăm ケム）「かがみ・かんがえる」

◆　　恬裕（テンユウ）「財産があって生活が豊か」

　　　裕寛（ユウカン）「ゆったりとゆとりがあるさま」

　　　寛平（カンペイ）「心が広く公平なこと」

　　　平人（ヘイジン）「無病健康体の人」

　　　人鑑（ジンカン）「人の鏡」

　トヨ（豊）という和語の起源は漢語の恬裕（テンユウ）ですから、トヨクモノノカミのトヨは言葉遊びとしておもしろくありません。おもしろいのは、「人 niěn ニン」をノノと読ませようとしているところです。

　次に、神世七代の六世（むよ）にあたる男女のカップルの名を取りあげます。三世（みよ）、四世（よよ）、五世（いつよ）のカップルも取りあげたいのですが、紙幅に限りがあるので割愛します。

オモダルノカミ（於母陀流神）

- オ　縁（yiuɛn エン）「ふち・へり」
- モ　辺（pen ヘン）「はし・はて・へり」
- ダ　陬（tsʰiu シュ／ス）「すみ・くま・いなかのむら」
- ル　落（lak ラク）「さと・むらざと」
- ノ　日（niět ニチ）「ひ・太陽」
- カミ　官（kuan クヮン）「つかさ・役人」
- ◆　縁辺（エンペン）「まわり・辺境」
  - 辺陬（ヘンスウ）「国の果て・国境」
  - 陬落（スウラク）「へんぴな所にある村里」
  - 落日（ラクジツ）「沈みかかっている太陽」
  - 日官（ニチカン）「暦のことを司る官吏」

イモアヤカシコネノカミ（妹阿夜訶志古泥神）

- ァ　悪（·ak アク）「わるい」
- ャ　意（·ɪəi イ）「こころ・おもい」
- カ　恨（ɦən ゴン）「うらむ・うらみ」
- シ　心（siəm シム）「こころ・むね」
- コ　恨（ɦən ゴン）「うらむ・うらみ」
- ネノ　人（niěn ニン）「ひと」
- カミ　魂（ɦiuən ゴン）「たましい」
- ◆　悪意（アクイ）「悪い考え・悪い意味」
  - 意恨（イコン）「心の中で恨む」
  - 恨心（コンシン）「恨む心」
  - 心恨（シンコン）「心の中の恨み」
  - 恨人（コンジン）「多情多恨の人」
  - 人魂（ジンコン）「人のたましい・人の心」

オモダルノカミの正体は「暦の神」、その妻は「恨む神」
です。最後の七世のカップルはどんな神でしょう。

イザナキノカミ (伊耶那岐神)

イ　勇 (yioŋ ユウ／ユ)「いさましい」

ザ　士 (dʑĭei ジ)「おとこ」

ナ　人 (niěn ニン)「ひと」

キノ　魂 (ĥuən ゴン)「たましい」

カミ　幹 (kan カン)「みき」

　◆　勇士 (ユウシ)「勇ましい男」
　　　士人 (シジン)「一般官僚・学問修養をつんだ人」
　　　人魂 (ジンコン)「人のたましい・人の心」
　　　魂幹 (コンカン)「心と体」

イモイザナミノカミ (妹伊耶那美神)

イ　勇 (yioŋ ユウ／ユ)「いさましい」

ザ　士 (dʑĭei ジ)「おとこ」

ナ　女 (ŋĭo ニョ)「おんな」

ミノ　伴 (buan バン)「とも・ともづれ・ともなう」

カミ　奐 (huan クヮン)「あきらか・さかん」

　◆　勇士 (ユウシ)「勇ましい男」
　　　士女 (シジョ)「男と女・美人」
　　　女伴 (ジョハン)「女の連れ・女友達」
　　　伴奐 (ハンカン)「ゆったりとゆとりがあるさま」

イザナミノカミの語源は「勇者のゆったりした美人妻」
です。士女 (シジョ) の「美人」という意味は意外です。

第78話 オノゴロ島を生む

　ここまでは神が生まれるだけの退屈な話でしたが、イザ
ナキとイザナミが現れると物語が進展して、この二柱によ
る国生みの話へと移っていきます。

　はじめに、オノゴロ島が生まれる様子が語られます。こ
の部分の本分を引用してみましょう。『古事記』の文章は
簡潔ですから、現代語訳の助けを借りなくても読めます。

　ここに、天つ神もろもろの命もちて、伊耶那岐・伊耶那
美の二柱の神に詔りたまはく、「この漂へる国を修理め
固め成せ」と詔りたまひて、天沼矛を賜ひて、言依さし
たまひき。故、二柱の神、天浮橋に立たして、その沼
矛を指し下して画かせば、塩こをろこをろに画鳴して、
引き上げたまふ時に、その矛の末より垂り落つる塩の累
り積れる嶋と成りき。これ淤能碁呂嶋そ。

　イザナキとイザナミが暮らしていた高天原は私がよく
訪れる高原に似ていた、と勝手に想像しています。その高
原は長野県の美ヶ原です。ここはなだらかな起伏のある
広々とした高原で、日の出前に眼下が雲海に覆われます。
その雲海は、「国稚く浮ける脂の如くして、くらげなすた
だよへる」風景と重なります。

　イザナキとイザナミは「天つ神もろもろ」から「国を修
理め固め成せ」と命ぜられ、天沼矛を賜ります。ヌホコと
は玉が結ばれた矛のことで、矛を動かすと玉と玉、玉と矛
とがふれあって、軽やかな音がするようになっていたと想

像されます。

　イザナキとイザナミはこの矛を携えて天浮橋に立ちます。雲海のような海に浮かぶ筏に乗った二柱の神は、矛を使って「こをろこをろ」とかき鳴らします。そして矛を引き上げると、その先から潮が滴たり落ちて、島となりました。これがオノゴロ島です。

　古事記神話には数多くの神の名前が出てきます。また、島の名前もいろいろと現れます。しかし、これらの名前の成り立ちを説いた本を私は目にしたことがありません。論じようがないと思われてきたからでしょうか。ただし、オノゴロ島に関しては話が別です。「オノゴロのオノは己と同源。ゴロは「凝る」の意。自然に固った島」というのが定説になっています。

　私はこの説に異を唱えます。オノゴロ島という名も、次のように漢語を素材にした名前にちがいありません。

オノゴロシマ（淤能碁呂嶋）

オノ　穏（・uən ヲン）「おだやか」

ゴ　　臥（ŋua グッ）「ふす・ふせる」

ロ　　竜（lıoŋ リュウ）「たつ・りゅう」

シマ　神（dʒıĕn ジン）「かみ」

　◆　穏臥（オンガ）「穏やかに身をふせる」
　　　臥竜（ガリュウ）「まだ天に昇らずにいる竜」
　　　竜神（リュウジン）「水の神・雨を司る神・竜王」

　オノゴロ島は、この架空の島を臥竜に見立てた名前であると考えるのが妥当です。

第79話 ヒルコとアハ島を生む

　イザナキとイザナミはオノゴロ島に下って、国生みの準備にかかります。本文では「その嶋に天降り坐して、天の御柱を見たて、八尋殿を見立てたまいき」と述べられていますが、意味がよくわからないとされてきました。問題は、「見立て」です。本居宣長以来、いろいろな解釈がなされてきましたが、まだ未決着です。

　ここで、私の見解を述べます。ミタツ（見立つ）という動詞の成り立ちは次のように考えるべきでしょう。

ミタツ（見立つ）

ミ　　扶（bɪu ブ）「たすける」

タ　　樹（ʒɪu ジュ／ズ）「き」

ッ　　植（ʒɪək ジキ）「うえる」

◆　扶樹（フジュ）「しっかりと植えこむ」
　　樹植（ジュショク）「建てる」

　ミタツという動詞は、「木を植えるように建てる」という意味を表します。ですから、「御柱を見立て」は「御殿の柱を植樹するように建て」という意味で、「八尋殿を見たて」は「土中に柱の根を埋めて大御殿をしっかりと建立して」という意味です。ちなみに、「掘っ立て小屋」というのは土台を築かずに柱の根を直接土中に埋めて建てた小屋のことですが、大昔の御殿は「掘っ立て御殿」だったのです。なお、ミタツ（見立つ）という動詞はおそらく『古事記』の作者の造語であり、ほかの文献のどこを探しても

見つかりません。

　さて、イザナキとイザナミは立派な新居を構えて国生みにのぞみますが、しくじってしまいました。本文に「しかれども、くみどに興して生みたまへる子は、水蛭子。この子は葦船に入れて、流し去てき。次に、淡嶋を生みたまひき。こも、子の例には入れず」とあります。

　子作りに失敗したのは声をかける順番をまちがえて、イザナミが先に「何とまあ、いい男」といってしまったからでした。それにしても、生んだ数に入れてもらえなかったヒルコとアハ島はどんな子だったのでしょう。

ヒルコ（水蛭子）

　ヒ　　卑（pǐě ヒ）「いやしい」

　ル　　陋（ləu ル）「せまい」

　コ　　器（kʰɿi キ）「うつわ」

　　◆　卑陋（ヒロウ）「心や体が卑しいこと」

　　　　陋器（ロウキ）「小さく狭い才能・つまらない器量」

アハシマ（淡嶋）

　ア　　阿（・a ア）「〜さん（親しみをこめた接頭辞）」

　ハ　　呆（pau ホ）「ぼんやりするさま」

　　◆　阿呆（アホウ）「ばか・まぬけ」

　ヒルコとアハ島は人が住めないような無人島を思い浮かべて作った名前かもしれません。しかし、ある特定の島を想定して付けた名ではなく、話をおもしろくするためだけの名前と考えてよいでしょう。

第80話 **大八嶋国を生む①**
（おほやしまくに）

　イザナキとイザナミは出産に失敗したことを反省したうえで、今度は規則にちゃんとのっとった方法で子作りに励みました。

　その結果、大八嶋国が生まれました。「大きな八つの嶋の国」といっても、大きさはさまざまです。次に示すように、本州島や九州のような非常に大きい島も含まれていれば、壱岐や隠岐嶋のようなそれほど大きくはない島も含まれています。

①淡路之穂之狭別嶋（淡路）
　（あはぢ の ほ の さわけのしま あはぢ）
②伊予之二名嶋（四国）
　（い よ の ふたなのしま いよのくに）
　　愛比売（伊予国）
　　（えひめ いよのくに）
　　飯依比古（讃岐国）
　　（いひよりひこ さぬきのくに）
　　大宜都比売（粟国）
　　（おほげつひめ あはのくに）
　　建依別（土佐国）
　　（たけよりわけ とさのくに）
③隠伎之三子嶋、亦の名を天之忍許呂別（隠岐嶋）
　（おき の みつごのしま また あめ の おし こ ろ わけ おきのしま）
④筑紫嶋（九州）
　（つくしのしま）
　　白日別（筑紫国）
　　（しらひわけ ちくしのくに）
　　豊日別（豊国）
　　（とよ ひ わけ とよのくに）
　　建日向日豊久士比泥別（肥国）
　　（たけ ひ むか ひ とよく じ ひ ねわけ ひのくに）
　　建日別（熊曾國）
　　（たけ ひ わけ くまそのくに）
⑤壱岐嶋、亦の名を天比登都柱（壱岐）
　（いきのしま また あめひ と つばしら いき）
⑥津嶋、亦の名を天之狭手依比売（対馬）
　（つしま また あめの さ でよりひめ つしま）
⑦佐渡嶋（佐渡）
　（さどのしま さど）
⑧大倭豊秋津嶋、亦の名を天御虚空豊秋津根別（本州）
　（おほやまととよあきづしま また あまつ みそらとよあきづ ねわけ）

本書では、これらすべての地名を問題とするわけではありません。取りあげるのは、『古事記』の作者が智恵をしぼって考案した地名です。どうしてこんな名前を付けたのかさっぱりわからない名前が大部分です。全部といっても過言ではありません。語源が何となく理解できそうな地名もありますが、油断は禁物です。作者はいつも読み手の裏をかこうとしているからです。たとえば上述のオノゴロ島がそうでしたが、今から取りあげるものの中にもそういう名前がいくつもあります。

　はじめに取りあげるのは淡路島を表す名前です。

アハヂノホノサワケノシマ（淡路之穂之狭別嶋）

　ァ　　王 （ɦɪuaŋ　ワウ）「きみ」

　ハ　　輔 （bɪuo　ブ）「そえぎ・たすける」

　ヂノ　臣 （ʒɪĕn　ジン）「おみ・家来」

　ホノ　民 （mǐen　ミン）「たみ・庶民」

　サ　　生 （ʃǐaŋ　シャウ）「うむ・うまれる」

　ワ　　養 （yiaŋ　ヤウ）「やしなう」

　ケノ　賢 （ɦien　ゲン）「かしこい」

　シマ　俊 （tsiuĕn　シュン）「すぐれる・すぐれた人」

　　◆　王輔 （オウホ）「君主を助ける」

　　　　輔臣 （ホシン）「君主を助ける臣下」

　　　　臣民 （シンミン）「人民」

　　　　民生 （ミンセイ）「人民の生計・人民の生命」

　　　　生養 （セイヨウ）「育て養う」

　　　　養賢 （ヨウケン）「賢を養う」

　　　　賢俊 （ケンシュン）「賢くすぐれた人」

淡路島を表す名に「淡路の〜」というのは変です。ですからアハヂノは別の意味だと考えなければなりません。

　私の考えでは、アハヂノは「君主を助ける臣下の」という意味で、ホノサワケノシマは「人民を育て養う賢者」という意味です。淡路島は大和朝廷の領土ですから、そこの統治者は君主の臣下です。その臣下が統治者として淡路の民を育て養う賢者であるというのがアハヂホノサワケノシマの隠された意味だと思います。

　それにしても、「王輔臣」とアハヂノは音がぴったりと合っていません。しかしこれは御愛嬌です。ずれていると、それなりの味が出ます。また、「民（miěn ミン）」がホノになるのはなぜかと思われるかもしれませんが、唇音のmは、唇音のpやbと同様に、ハ行音になりえます。

　次に、四国を表す名前を取りあげます。

イヨノフタナノシマ（伊予之二名之嶋）

イ　迂（·ɪu ウ）「まわりみち・まわりくどい」
ヨノ　遠（ɦɪuʌn ヲン）「とおい」
フタ　別（bɪɛt ベチ）「わかれる・わかれ」
ナ　日（niět ニチ）「ひ・太陽」
ノ　日（niět ニチ）「ひ・太陽」
シマ　新（siěn シン）「あたらしい・あらたにする」
　◆　迂遠（ウエン）「世事にうとい・くねって遠回り」
　　　遠別（エンベツ）「遠く別れる」
　　　別日（ベツヒ）「いつか別の日・後日」
　　　日日（ニチニチ）「ひび・ひごと」
　　　日新（ニッシン）「日々に新歩する」

四国全体を表す名前にイヨ（伊予）が付くのは伊予国が四国の政治的、文化的中心だったからだと考えられていますが、『古事記』の作者がこんな名付けをするはずがありません。イヨは伊予国のことではないと見るのが順当です。私の考えでは、イヨノフタナノシマは「くねくねと行く、遠い、これから日進月歩していく島」という意味です。
　次は伊予国を表す名前についてです。

エヒメ（愛比売）

エ　逸（yiĕt イチ）「ぬきんでたさま」

ヒメ　品（pʰɪəm ホム）「しな・しなもの」

　◆　逸品（イッピン）「ひときわすぐれた美術品など」

　作者はエヒメの語源が海浜（həi-piĕn）だと知ったうえで、伊予国の優位性を喚起しようとしているようです。
　次に、讃岐国と粟国に付けられた名前を取りあげます。

イヒヨリヒコ（飯依比古）

イ　隠（・ɪən オン）「かくす」

ヒ　秘（pii ヒ）「ひそか」

ヨ　要（・iɛu エウ）「かなめ」

リ　領（lɪɛŋ リャウ）「おさめる」

ヒコ　域（ĥɪuək キキ）「さかい」

　◆　隠秘（インピ）「人に知られないようにする・秘密」
　　　秘要（ヒョウ）「秘密の重要事」
　　　要領（ヨウリョウ）「腰と首・生命・重要部分」
　　　領域（リョウイキ）「領内・領有する区域」

オホゲツヒメ（大宜都比売）

オ　沿（yiuɛn エン）「そう・ふち」

ホ　辺（pen ヘン）「はし・はて・へり」

ケ　疆（kɪaŋ カウ）「さかい・かぎり」

ッ　土（tʰo ツ）「つち・大地」

ヒ　物（mɪuət モツ／モチ）「もの」

メ　品（pʰɪəm ホム）「しな・しなもの」

◆　沿辺（エンペン）「国のはずれの地方・辺境」

　　辺疆（ヘンキョウ）「辺境の辺地」

　　疆土（キョウド）「国境・国境内の地域・領土」

　　土物（ドブツ）「その土地に生じる物・土地の産物」

　イヒヨリヒコには「秘密の重要な地域」、オホゲツヒメには「辺境の地の特産物」という意味が込められているようですが、それらが具体的に何であるのか不明です。

　次は、土佐国を表す地名です。

タケヨリワケ（建依別）

タ　崇（dʑĭuŋ ズウ）「たかい」

ケ　厳（ŋɪʌm ゴム）「おごそか」

ヨ　幽（・ieu イウ）「ほのか」

リ　嶺（lɪeŋ リャウ）「みね」

ワケ　腹（pɪuk フク）「はら」

◆　崇厳（スウゴン）「たっとく厳そか」

　　厳幽（ゲンユウ）「厳そかでほの暗い」

　　幽嶺（ユウレイ）「ほの暗い峰」

　　嶺腹（レイフク）「山腹」

土佐は陽光あふれる南国ですが、奈良盆地に暮らす都人にとっては遠い遠い山のふところでした。そこへは四国山脈の峰々を越えて行かねばならなかったからです。ちなみに、高知県は森林率が日本一です。タケヨリワケというのは、そういう土佐の地勢にもとづいて作られた地名であると思われます。

　さて、次は隠岐之三子嶋の亦の名です。

アメノオシコロワケ（天之忍許呂別）

ア	盈（yieŋ ヤウ）	「みちる・みたす」
メノ	満（muan マン）	「みちる・みたす」
オ	溢（yiĕt イチ）	「あふれる・みちる」
シ	水（ʃiui スイ）	「みず」
コ	涯（ŋăi ゲ）	「みぎわ・きし」
ロ	隣（liĕn リン）	「となり・なかま」
ワケ	睦（miuk モク）	「むつむ・むつまじい」
◆	盈満（エイマン）	「満ちる・充満する」
	満溢（マンイツ）	「満ち溢れる」
	溢水（イッスイ）	「溢れる水」
	水涯（スイガイ）	「川や海の岸・水ぎわ」
	涯隣（ガイリン）	「岸べ」
	隣睦（リンボク）	「つながって親しむ・親しみあう」

　隠岐之三子嶋は日本海に固まりあって浮かぶ3つの島（中ノ島、西ノ島、知夫里島）です。アメノオシコロワケは、どっぷりと波に岸べを洗われながら寄り添う仲むつまじい三つ子の島のイメージにぴったりです。

　九州の地名から話を続けます。下のシラヒワケは「領土の要<ruby>要<rt>かなめ</rt></ruby>」というのがその原義です。もとは筑紫国<ruby>筑紫国<rt>ちくしのくに</rt></ruby>の名で、のちに九州全体を表す名になりました。一方、豊 国を表すトヨヒワケは「裕福のしるし」というのがその原義であると考えられます。

シラヒワケ（白日別）

シ　所（sǐo ショ）「ところ」

ラ　領（lıɛŋ リャウ）「くび・おさめる」

ヒ　要（・iɛu エウ）「こし・かなめ」

ワケ　約（・ıak ヤク）「つづめる・つづまる」

◆　所領（ショリョウ）「領土とする」
　　領要（リョウヨウ）「首と腰・要点・かなめ」
　　要約（ヨウヤク）「要点をまとめる・まとめ」

トヨヒワケ（豊日別）

ト　恬（dem デム）「やすらか」

ヨ　裕（yiu ユ）「ゆたか」

ヒ　福（pıuk フク）「さいわい」

ワ　応（・ıəŋ オウ）「こたえる」

ケ　験（ŋıɛm ゲム）「ためす・しるし」

◆　恬裕（テンユウ）「財産があって生活が豊か」
　　裕福（ユウフク）「金持ち」
　　福応（フクオウ）「めでたい時に現れるしるし」
　　応験（オウケン）「しるし・きざし」

次に肥国(ひのくに)を表す地名を取りあげますが、これは厄介な言葉です。はじめに、私が考えたこの語の起源を示します。

タケヒムカヒトヨクジヒネワケ(建日向日豊久士比泥別)

タケ 拓 (tʰak タク)「ひらく」
ヒム 辺 (pen ヘン)「はし・はて・へり」
カ　 界 (kʌi ケ)「さかい」
ヒ　 域 (ɦɪuək キキ)「さかい・くぎる」
ト　 中 (ʈɪuŋ チェウ)「なか・うち」
ヨ　 野 (yiǎ ヤ)「の・のはら」
ク　 火 (hua クヮ)「ひ・火事」
ジ　 事 (dʑʼei ジ)「こと・できごと」
ヒネ 変 (pɪɛn ヘン)「かわる・かえる」
ワ　 易 (yiɛk ヤク)「かえる・かわる」
ケ　 換 (ɦuan グヮン)「かえる・かわる」
 ◆ 拓辺 (タクヘン)「辺地を開拓する」
　　辺界 (ヘンカイ)「国ざかい・境界・かたいなか」
　　界域 (カイイキ)「さかい・境界・区域」
　　域中 (イキチュウ)「一定の区域の中」
　　中野 (チュウヤ)「野の中」
　　野火 (ヤビ／ノビ)「鬼火・野原の草を焼く火」
　　火事 (カジ)「火で家などが焼けること」
　　事変 (ジヘン)「世の中の非常の出来事」
　　変易 (ヘンイ)「普通とは異なる出来事」
　　易換 (イカン)「かえる・かわる」

『古事記』の作者が考案した地名や神名のなかに、その

成り立ちが一見しただけでわかる語は1つもありません。何となく見当はつくという語はありますが、そういう場合でも、見当は大体においてはずれます。肥国を表すタケヒムカヒトヨクジヒネワケもそうでした。タケは「岳」で、ムカヒは「向かひ」で、ワケは「地域」を意味する「別」であると見立てました。そしてクジヒネの意味を特定すれば、全体の意味が明らかになると踏みました。しかし、ここから先に一歩も進めませんでした。

そこで、見方を変えました。肥国は「火の国」だから、キーワードは「火」だ、4つのカ行音のいずれかが「火」を表しているのではないかと考えました。こうして上に示したような答えを出しました。タケヒムカヒトヨクジヒネワケは、「国ざかいの野を畑にしようとして野火を放つと、戦火に見舞われたように、あたり一面が焼け野原に変わる」といった意味でしょう。野焼きをしたあとの阿蘇は、今でもまったくの焼け野原です。

さて次は、熊曾国の亦の名についてです。

タケヒワケ（建日別）

タ　田（den デン）「た・田畑」

ヶ　居（kɪo コ）「いる・すまい」

ヒ　卑（piě ヒ）「いやしい」

ワ　位（ɦɪui キ）「くらい」

ヶ　階（kʌi ケ）「きざはし・等級」

◆　田居（デンキョ）「いなか家」

　　居卑（キョヒ）「卑しい住居」

　　卑位（ヒイ）「低い地位」

タケヒワケは熊曾を見下した名前です。作者のこういう
まなざしは、被征服民に対する大和朝廷の接し方と重なっ
ているように思います。
　上からの目線は次の地名にも感じられます。

アメヒトツバシラ（天比登都柱）

ァ	安	（・an アン）「やすらか・やすんずる」
メ	分	（pıuən／bıuən フン／ブン）「わける・もちまえ」
ヒ	賦	（pıu フ）「とりたて・みつぎ・わりあて」
トツ	質	（tʃıət シチ）「もと・しろ・生地のまま」
バ	樸	（pʰɔk ホク）「あら木・あるがままの本質」
シ	拙	（tʃıuɛt セチ）「つたない」
ラ	劣	（lıuɛt レチ）「おとる」

　　　◆　安分（アンブン）「自己の本分に安んじて満足する」
　　　　　分賦（ブンブ）「割り当て」
　　　　　賦質（フシツ）「天から授かった性質・うまれつき」
　　　　　質樸（シツボク）「飾り気がなくて生地のまま」
　　　　　樸拙（ボクセツ）「飾らず巧まない」
　　　　　拙劣（セツレツ）「へたで人より劣る」

　アメノヒトツバシラは、玄界灘に浮かぶ壱岐嶋（壱岐）
の亦の名です。この島には大きな平野があって、水田耕作
が盛んでした。古事記の作者は、農村社会のナイーブな文
化に親しみが持てなかったようです。
　ところで、津嶋（対馬）は魏志倭人伝に「良田無く」と
記された島です。大部分が山林で、小さな集落が海岸沿い
に散在していたようです。次に示すアメノサデヨリヒメと

いう赤の名は、そういう地勢を表しています。

アメノサデヨリヒメ（天之狭手依比売）

ァ 安（·an アン）「やすらか・やすんずる」

メノ 分（pɪuən ／ bɪuən フン／ブン）「わける・もちまえ」

サ 散（san サン）「ちる・ちらばる・ちらす」

デ 在（dzəi ザイ）「ある」

ョ 野（yiǎ ヤ）「の・のはら」

リ 里（lɪei リ）「さと・むら・いなか」

ヒメ 民（miěn ミン）「たみ・大衆」

◆ 安分（アンブン）「本分に安んじる」
　　分散（ブンサン）「ばらばらに分かれる」
　　散在（サンザイ）「散らばって存在する」
　　在野（ザイヤ）「仕えず民間にあるもの」
　　野里（ヤリ）「いなか」
　　里民（リミン）「村民」

　次は佐渡嶋についてです。これに赤の名がないのは手抜きではありますまい。流人たちの死地であったこの島の名を、作者は次のように読めといっているようです。

サドノシマ（佐渡嶋）

サド 殺（ʂʌt セツ／セチ）「ころす」

ノ 人（niěn ニン）「ひと」

シマ 身（ʃɪěn シン）「み・からだ」

◆ 殺人（サツジン）「人を殺す」
　　人身（ジンシン）「人の体」

ここでの最後は、本州島を表す長い名前です。

アマツミソラトヨアキヅネワケ(天御虚空豊秋津根別)

アマ　遠（ɦiuʌn ヲン）「とおい」

ツ　　地（dii ヂ）「つち・大地」

ミ　　僻（pʰiɛk ヒャク）「かたよる・ひなびた」

ソ　　村（tsʰuən ソン）「むら」

ラ　　里（lıei リ）「さと・むら・いなか」

ト　　社（ʒiǎ ジャ）「やしろ」

ヨ　　燕（·en エン）「つばめ・やすらか」

ア　　安（·an アン）「やすらか・やすんずる」

キツ　吉（kiĕt キチ）「よい・さいわい」

ネ　　日（niĕt ニチ）「ひ・太陽」

ワケ　域（ɦiuək キキ）「さかい・くぎり・くぎりの中」

　◆　遠地（エンチ）「遠い所」

　　　地僻（チヘキ）「僻地」

　　　僻村（ヘキソン）「僻地の村」

　　　村里（ソンリ）「村里」

　　　里社（リシャ）「村里の社」

　　　社燕（シャエン）「つばめ」

　　　燕安（エンアン）「くつろぐ」

　　　安吉（アンキツ）「幸い・幸せ」

　　　吉日（キツジツ）「よい日」

　　　日域（ニチイキ）「日出づる地域・東方」

「遠い僻地の村の社の燕がくつろぐ幸せなよい日の東方」
というのが本州島を表す名前の文字どおりの意味です。

第82話 六嶋を生む

イザナキとイザナミは大八嶋国を生んだあと、六嶋を生みました。これらは、①吉備児嶋（赤の名を建日方別）、②小豆嶋（赤の名を大野手比売）、③大嶋（赤の名を大多麻流別）、④女嶋（赤の名を天一根）、⑤知訶嶋（赤の名を天之忍男）、⑥両児嶋（赤の名を天両屋）です。

以下で、『古事記』の作者が考案した「赤の名」の成り立ちを明らかにしようとしますが、これを行うにはそれぞれの島の地勢を考慮しなければなりません。

最初に取りあげるのは、吉備児嶋を表すタケヒカタワケという名前です。

タケヒカタワケ(建日方別)

タ	紫（tsie シ）	「むらさき」
ケ	紺（kəm コム）	「こんいろ」
ヒ	碧（pɪɛk ヒャク）	「あおみどり」
カ	海（həi カイ）	「うみ」
タ	際（tsiɛi サイ）	「きわ」
ワ	畔（buan バン）	「ほとり」
ケ	岸（ŋan ガン）	「きし」
◆	紫紺（シコン）	「紫がかった紺色」
	紺碧（コンペキ）	「濃く深みがかった青色」
	碧海（ヘキカイ）	「青々とした海」
	海際（カイサイ）	「海辺」
	際畔（サイハン）	「ほとり」
	畔岸（ハンガン）	「あぜと岸・さかいめ」

タケヒカタワケは、今は本州と地続きになった吉備児嶋<ruby>吉備児嶋<rt>きびのこじま</rt></ruby>が本州のすぐ脇にあることを表そうとした名前です。

　次は、小豆嶋<ruby>小豆嶋<rt>あづきじま</rt></ruby>と大嶋<ruby>大嶋<rt>おほしま</rt></ruby>の亦<ruby>亦<rt>また</rt></ruby>の名についてです。

オホノデヒメ（大野手比売）

オ　　奥（・au アウ）「おく深いところ」

ホノ　遠（ɦiuʌn ヲン）「とおい」

デ　　島（tau タウ）「しま」

ヒメ　浜（piĕn ヒン）「はま」

　◆　奥遠（オウエン）「奥深くて遠い」

　　　遠島（エントウ）「遠い島・離れ島」

　　　島浜（トウヒン）「島の浜」

オホタマルワケ（大多麻流別）

オ　　一（・iĕt イチ）「ひとつ・もっぱら」

ホ　　碧（piɛk ヒャク）「あおみどり」

タ　　水（ʃiui スイ）「みず」

マ　　漂（pʰiɛu ヘウ）「ただよう」

ル　　流（liəu ル）「ながれる・ながす」

ワケ　別（biɛt ベチ）「わかれる・わける」

ケ　　行（ɦʌŋ ギャウ）「いく・おこなう」

　◆　一碧（イッペキ）「青一色」

　　　碧水（ヘキスイ）「青緑色をした水」

　　　水漂（スイヒョウ）「水に漂う」

　　　漂流（ヒョウリュウ）「漂い流れる」

　　　流別（リュウベツ）「水が別れて流れる」

　　　別行（ベッコウ）「別々に行く」

小豆嶋は小豆島のことです。この島は今は香川県に属しますが、昔は備前国（岡山県）の島でした。オホノデヒメは、本州から遠く離れていることを表した名でしょう。
　一方、大嶋（山口県の屋代島）の亦の名であるオホタマルワケは、潮の流れが島々にぶつかって複雑であることを表そうとした名前でしょう。
　さて次は、国東半島沖合の女嶋（大分県の姫島）の亦の名についてです。

アマヒトツネ(天一根)

ア　　遠（ﬁıuʌn ヲン）「とおい」

マ　　波（pua ハ）「なみ」

ヒ　　風（pıuŋ フウ／フ）「かぜ」

ト　　潮（dıɛu デウ）「しお」

ツネ　信（siěn シン）「たより」

♦　遠波（エンパ）「遠くの波」

　　波風（ハフウ）「波と風・なみかぜ」

　　風潮（フウチョウ）「風と潮・風で流れる潮」

　　潮信（チョウシン）「潮時・潮の満ち引きの時刻」

　この名前には、「遠くから風に乗って運ばれて来る波の音が知らせる潮の時」という意味が込められています。
　最後は、長崎県五島列島の知訶嶋と、長崎県男女群島の男島と女島を指す両児嶋についてです。奈良時代、これらの島は遣唐使船の寄港地として知られていましたが、古事記の作者はその一方の島にアメノオシヲという名を、他方の島にアメノフタヤという名を与えました。

アメノオシヲ（天之忍男）

ァ　縁（yiuɛn エン）「ふち・へり」

ﾒﾉ　辺（pen ヘン）「はし・はて・へり」

ｵ　遠（ɦiuʌn ヲン）「とおい」

ｼ　戚（tsʰek シャク）「みうち・親戚」

ｦ　愛（・ɔi オ／アイ）「いとおしむ・いとしさ」

◆　縁辺（エンペン）「周囲・辺境・国境地帯」

　　辺遠（ヘンエン）「中央から遠く離れた国境の地」

　　縁戚（エンセキ）「遠い親戚」

　　戚愛（セキアイ）「親戚や親しい人」

アメノフタヤ（天両屋）

ｱﾒ　案（・an アン）「かんがえる・かんがえ」

ﾉ　内（nuəi ナイ）「うち・なか」

ﾌﾀ　密（miĕt ミツ／ミチ）「ひそか」

ﾔ　意（・iei イ）「こころ・おもい」

◆　案内（アンナイ）「人を導く・手引き」

　　内密（ナイミツ）「表ざたにしないこと」

　　密意（ミツイ）「他人には知りがたいこと」

　これは想像ですが、遣唐使船に乗ったことのある人たちは冗談めかして「知訶嶋は遠い島」とよくいいました。『古事記』の作者もそれに倣って、その島に「遠い親戚の近しい人」という名を付けました。一方、男島と女島はあんな遠くに行って何を思っているのかと空想しながら、「逢引をする男女の気持ちは他人にはわからない」という意味の名を付けました。いずれも巧妙な名付けです。

国生みを終えた後、イザナキとイザナミは神を生みはじめます。こうして多くの神と多くの神の名が現れました。ここで取りあげる神名はそれらの一部です。

名は体を表すといいますが、古事記神話の神々は名前を見ただけではその正体がわかりません。漢字表記が、神の正体を表すためではなく、それを隠すための道具として利用されているからです。以下に示すように、神名の語源を解き明かすには、素直な発想が通用しません。

オホコトオシヲノカミ（大事忍男神）

オ	悪	（・ak アク）「わるい」
ホ	病	（bɪʌŋ ビャウ）「やむ・やまい」
コ	軀	（kʰɪu ク）「み・からだ」
ト	体	（tʰei タイ）「からだ」
オ	温	（・uən ヲン）「あたたか・あたたかい」
シ	慈	（dziei ジ）「いつくしむ・いつくしみ」
ヲノ	恩	（・ən オン）「ありがたみ・めぐみ」
カミ	眷	（kɪuɛn クェン）「かえりみる」

- ◆ 悪病（アクビョウ）「悪い病気」
  病軀（ビョウク）「病気の体」
  軀体（クタイ）「体」
  体温（タイオン）「体の温度」
  温慈（オンジ）「やさしいいつくしみ」
  慈恩（ジオン）「いつくしみ」
  温眷（オンケン）「恵み」

オホヤビコノカミ（大屋毗古神）

オ	遏	（・at アチ）「とどめる・さえぎる」
ホ	防	（bɪuaŋ バウ）「ふせぐ・ふせぎ」
ヤ	疫	（yiuɛk ヤク）「えやみ」
ビ	病	（bɪʌŋ ビャウ）「やむ・やまい」
コノ	根	（kən コン）「ね・もと」
カミ	幹	（kan カン）「みき・もと」

◆ 遏防（アツボウ）「おさえ防ぐ」
　防疫（ボウエキ）「悪性の流行病を防ぐ」
　疫病（エキビョウ）「悪性の流行病」
　病根（ビョウコン）「病気のもと」
　根幹（コンカン）「根と幹・大切な所」

イハツチビコノカミ（石土毗古神）

イ	穏	（・uən ヲン）「おだやか」
ハ	平	（bɪʌŋ ビャウ）「たいらか」
ツ	旦	（tan タン）「日の出」
チ	朝	（ʈɪɛu／ɖɪɛu テウ／デウ）「あさ・まつりごと」
ビ	服	（bɪuk ブク）「きもの・服する」
コノ	勤	（gɪən ゴン）「つとめる・いそしむ」
カミ	勤	（gɪən ゴン）「つとめる・いそしむ」

◆ 穏平（オンヘイ）「おだやか」
　平旦（ヘイタン）「夜明け・暁」
　旦朝（タンチョウ）「朝」
　朝服（チョウフク）「朝廷に出仕するときに着る服」
　服勤（フクキン）「勤める」
　勤勤（キンキン）「勤め励むさま」

クニノミクマリノカミ (国之水分神)

- クニ　恨 (ɦiən ゴン)「うらむ・うらみ」
- ノ　　怒 (no ヌ)「いかる・はげしい」
- ミ　　武 (miuo ム)「たけだけしい」
- クマ　訓 (hiuən クン)「おしえる・おしえ」
- リノ　練 (len レン)「ねる・きたえる」
- カミ　軍 (kiuən クン)「つわもの・いくさ」
- ◆ 恨怒 (コンド)「恨み憤る」
  怒武 (ドブ)「怒って勇ましい」
  武訓 (ブクン)「武芸に関する教え」
  訓練 (クンレン)「教えてきたえる」
  練軍 (レングン)「兵をきたえる」

　これらの神は、とくに何かを司る神ではありません。古事記神話には、こういう神がいっぱい現れます。一方、役割を持った神もいます。たとえば、次は木の神です。

ククノチノカミ (久々能智神)

- ク　　根 (kən コン)「ね・もと」
- クノ　幹 (kan カン)「みき・物事の本質」
- チ　　材 (dzəi ザイ)「切り木・材木・才能」
- ノ　　人 (niĕn ニン)「ひと」
- カミ　君 (kiuən クン)「みき」
- ◆ 根幹 (コンカン)「根と幹・物事の大切なところ」
  幹材 (カンザイ)「才能」
  材人 (ザイニン)「才能や智恵のある人」
  人君 (ジンクン)「君主」

次は、海の神と山の神です。

オホワタツミノカミ（大綿津見神）

オ	陰（・ɪəm オム）「かくす」
ホ	蔽（piɛi ヘ）「かくす・おおう」
ワ	悪（・ak アク）「わるい」
タツ	舌（dʒɪɛt ゼツ／ゼチ）「した」
ミノ	弁（biɛn ベン）「議論する」
カミ	言（ŋɪʌn ゴン）「いう・ことば」

◆ 陰蔽（インペイ）「おおい隠す」
蔽悪（ヘイアク）「悪いことを隠す」
悪舌（アクゼツ）「毒舌」
舌弁（ゼツベン）「弁舌」
弁言（ベンゴン）「巧みな弁舌」

オホヤマツミノカミ（大山津見神）

オ	宛（・ɪuʌn ヲン）「まがる・くねくねしたさま」
ホ	蔓（muan モン）「つる・はう・のびる」
ヤマ	延（yian エン）「のびる・のばす」
ツ	世（ʃɪɛi セ）「よ・人間社会」
ミノ	変（pɪɛn ヘン）「かわる・かえる」
カミ	現（fien ゲン）「あらわれる・あらわす」

◆ 宛蔓（エンマン）「遥かなさま」
蔓延（マンエン）「伸び広がる」
延世（エンセイ）「長生きする・長生き」
世変（セヘン）「世の移り変わり」
変現（ヘンゲン）「姿を変えて現れる」

また次は、風の神と水戸（みなと）の神です。

シナツヒコノカミ（志那都比古神）

シナ 迅（siuěn シン）「はやい」

ツ 疾（dziět ジチ）「はやい・やむ」

ヒ 風（pɪuŋ フウ／フ）「かぜ」

コノ 寒（ɦan ガン）「さむい・つめたい」

カミ 官（kuan クヮン）「つかさ・役人」

◆ 迅疾（ジンシツ）「とぶように速い」

　　疾風（シップウ）「速く激しく吹く風」

　　風寒（フウカン）「寒風」

　　寒官（カンカン）「小役人・小吏・微官」

ハヤアキツヒコノカミ（速秋津日子神）

ハ 満（muan マン）「みちる・みたす」

ヤ 溢（yiět イチ）「あふれる・みちる」

アキ 悪（·ak アク）「わるい」

ツ 臣（ʒɪěn ジン）「おみ・家来」

ヒ 服（bɪuk ブク）「ぴたりとつき従う」

コノ 官（kuan クヮン）「つかさ・おおやけ」

カミ 宦（ɦiuǎn グェン）「つかさ・役人」

◆ 満溢（マンイツ）「満ちあふれる」

　　溢悪（イツアク）「非常に悪い・けなしすぎ」

　　悪臣（アクシン）「悪い臣下」

　　臣服（シンブク）「臣下として仕える」

　　服官（フクカン）「役人になる・仕官する」

　　官宦（カンガン）「政府や朝廷に仕える役人」

次は野の神です。下のノヅチノカミは亦の名です。

カヤノヒメノカミ（鹿屋野比売神）

カ	荒（huaŋ クゥウ）「あれる」	
ヤ	野（yiǎ ヤ）「の・ひなびた」	
ノ	人（niěn ニン）「ひと」	
ヒ	物（mɪuət モツ／モチ）「もの」	
メノ	変（pɪɛn ヘン）「かわる・かえる」	
カミ	現（ɦien ゲン）「あらわれる・あらわす」	

◆ 荒野（コウヤ）「あれた野原」
　　野人（ヤジン）「洗練されていない者」
　　人物（ジンブツ）「人・人がら・才能のある人」
　　物変（ブッヘン）「事物の移り変わり」
　　変現（ヘンゲン）「姿を変えて現れる」

ノヅチノカミ（野椎神）

ノ	如（nio ニョ）「ごとし・〜ようだ」	
ツ	実（dʒɪĕt ジチ）「み・みのる・まこと」	
チノ	践（dzɪɛn ゼン）「ふむ・小きざみにあるく」	
カミ	言（ŋɪʌn ゴン）「いう・ことば」	

◆ 如実（ニョジツ）「事実そのままに・ありのままに」
　　実践（ジッセン）「実行」
　　践言（センゲン）「実行する」

　ここで取りあげた神は、物語の進行に直接かかわっていません。作者の意図は、これらの神々の名にどういう意味が込められているかを読者に探らせることです。

第84話　イザナミの死

　イザナミは野の神を生んだあと、八柱の神を生み、その
あとでさらに八柱の神を生んだのですが、イザナミの身に
大変なことが起こりました。生まれてきたヒノヤギハヤヲ
ノカミという名の神が火の神で、性器に火傷（やけど）を負ってしま
ったのです。

ヒノヤギハヤヲノカミ（火之夜芸速男神）

ヒノ	衍（yiɛn エン）	「のびる・あまる」
ヤ	盈（yiɛŋ ヤウ）	「みちる・みたす」
ギ	虚（hⁱo コ）	「むなしい。からにする」
ハ	費（pʰⁱuəi ヒ）	「ついえ・ついやす」
ヤ	捐（yiuɛn エン）	「すてる・とりのぞく」
ヲ	委（˙ⁱuɐ̆ キ）	「ゆだねる・まかせる」
ノ	任（niəm ニム）	「まかせる・ゆだねる」
カミ	官（kuan クヮン）	「つかさ・おおやけ」

　　◆　衍盈（エンエイ）「余るほど満ちる」
　　　　盈虚（エイキョ）「満ちることと欠けること」
　　　　虚費（キョヒ）「むだ使い」
　　　　費捐（ヒエン）「費用・消耗」
　　　　捐委（エンイ）「放棄する・投げやりにする」
　　　　委任（イニン）「他人にまかせる」
　　　　任官（ニンカン）「官職につかせる」

　この神は火の無駄使いを防ぐ役を負わされた神ですが、
この神の名には次の２つの亦（また）の名がありました。

ヒノカガビコノカミ（火之炫毘古神）

ヒノ　貧（bɪ̌en ビン）「まずしい」

カ　　寒（ɦian ガン）「さむい・貧乏でつらい」

ガ　　官（kuan クッン）「つかさ・おおやか」

ビ　　府（pɪu フ）「くら・みやこ・やしき」

コノ　館（kuan クワン）「やかた・やど」

カミ　監（kǎm ケム）「みる・かんがみる」

◆　貧寒（ヒンカン）「貧乏ぐらし」

　　寒官（カンカン）「身分の低い官吏・小役人・微官」

　　官府（カンブ）「役所・政府」

　　府館（フカン）「政府の館」

　　館監（カンカン）「長官」

ヒノカグツチノカミ（火之迦具土神）

ヒノ　半（puan ハン）「なかば・なかばする」

カ　　減（kʌm ゲム／ケム）「へる・へらす」

グ　　耗（hau カウ）「すりへる・すこしずつへらす」

ツ　　折（tʃɪɛt ゼチ）「おる・くじく」

チノ　断（duan ダン）「たつ・たちきる・たえる」

カミ　言（ŋɪʌn ゴン）「いう・ことば」

◆　半減（ハンゲン）「半分に減る」

　　減耗（ゲンコウ）「減少する」

　　耗折（コウセツ）「減少する」

　　折断（セツダン）「絶つ」

　　断言（ダンゲン）「明言する」

上のヒノカガビコノカミは「貧乏役人が勤める役所の長

官」という意味で、ヒノカグツチは「（火の使用を）半分に減らすことを明言する」という意味です。

　イザナミは火傷を負って床に臥してからも神を生みました。次の二柱はイザナミの屎から生まれたハニヤスビメと尿から生まれたミツハノメノカミ神です。

ハニヤスビメ（波邇夜須毘売）

ハニ　飯（bɪuʌn ボン）「めし・くう」

ヤ　　飲（・ɪəm オム）「のむ」

ス　　食（dʒɪək ジキ）「くう・たべもの」

ビメ　品（pʰɪəm ホム）「しな・しなもの」

◆　飯飲（ハンイン）「食べることと飲むこと・飲食」
　　飲食（インショク）「飲食すること・飲食物」
　　食品（ショクヒン）「食べ物」

ミツハノメノカミ（弥都波能売神）

ミ　　便（bɪɛn ベン）「通じ」

ツ　　大（dai ／ da ダイ／ダ）「おおきい」

ハ　　病（bɪʌŋ ビャウ）「やむ・やまい」

ノ　　人（niĕn ニン）「ひと」

メノ　民（miĕn ミン）「たみ・庶民」

カミ　困（kʰuən コン）「くるしむ・こまる」

◆　便大（ベンダイ）「小便」
　　大病（タイビョウ）「重い病・重病」
　　病人（ビョウニン）「病気の人」
　　人民（ジンミン）「一般民衆・民」
　　民困（ミンコン）「飢饉などで民衆が苦しむこと」

イザナミは死に、その亡骸は「出雲国と伯伎国との境の比婆の山」に葬られました。作者がここを埋葬地として選んだのは、ヒバという名が「葬る」を意味する漢語の窆（pɪɛmヘム）を想起させたかったからでしょう。つまり、「比婆の山」を「葬る山」だと思わせたかったのです。

イザナキはこの後、天之尾羽張（語源は怨憤悩容表裏）という名の刀でカグツチの首をはねます。すると、飛び散った血やカグツチの体から神々が生まれました。次の神はカグツチの頭から生まれた神です。

マサカヤマツミノカミ（正鹿山津見神）

マ	秘（piiヒ）「ひそか・ひめる」
サカ	策（tʂʰɛkシャク）「はかりごと」
ヤ	応（・ɪəŋオウ）「こたえる・応じる」
マ	変（pɪɛnヘン）「かわる・かえる」
ツミ	転（ʈɪʊɛnテン）「ころぶ・うつる」
ノ	任（niəmニム）「まかせる・ゆだねる」
カミ	官（kuanクッン）「つかさ・おおやけ」

◆ 秘策（ヒサク）「秘密の計画」
　 策応（サクオウ）「計略を示し合わす」
　 応変（オウヘン）「変化を受けとめて対応する」
　 変転（ヘンテン）「状態が次々と移り変わる」
　 転任（テンニン）「任地や職務が変わる」
　 任官（ニンカン）「官職につかせる」

カグツチの体から生まれた八柱の神の名はいずれもヤマが付きますが、ヤマが「山」を表す例はありません。

　イザナキは黄泉の国を訪れ、約束を破ってイザナミの死体を見てしまいます。腐乱した死体に蛆がわき、そこに雷神たちが生まれているのを見て逃げ出します。イザナミは恥をかかされたといって、雷神たちに追いかけさせます。必死で逃げるイザナキは途中で桃の実を取って雷神に投げつけます。すると、雷神たちは引き返して行きました。イザナキはほっとして桃の実にいいました。「汝、吾を助けしが如く、葦原中津国にあらゆるうつくしき青人草の、苦しき瀬に落ちて患へ惚む時に助くべし」と。そして桃の実にオホカムヅミノミコトという名を与えました。

　さて、ここで最初に示すのは有名なアヲヒトクサという言葉の意味です。

アヲヒトクサ（青人草）

ァ　安（・an アン）「やすらか」

ヲ　隠（・uən オン）「おだやか」

ヒ　平（bıʌŋ ビャウ）「たいらか」

ト　等（təŋ トウ／タイ）「ひとしい」

ク　級（kıəp コフ）「くらい」

サ　差（tʂʰǎ シャ）「ちがい・たがう」

◆　安穏（アンオン）「安らかで無事である」

　　隠平（オンヘイ）「穏やかである」

　　平等（ビョウドウ）「同等である」

　　等級（トウキュウ）「身分などの上下・優劣の段階」

　　級差（キュウサ）「等級の差・格差」

蒼生（ソウセイ）という漢語は、「青々と茂る木々」という意味から「多くの人民」という意味を派生させました。『古事記』の作者はこれを下敷きにして、「人民」を意味するアヲヒトクサという言葉を考案しました。このことは先学たちが指摘しているとおりです。しかし作者は、その裏に「平穏で平等な人民」という意味を込めたのです。

　次は、イザナキが桃に与えた名前についてです。私はこの名の成り立ちをこう考えます。

オホカムヅミノミコト（意富加牟豆美命）

オ	遏（・at アチ）	「さえぎる・おしとどめる」
ホ	防（bɪuaŋ バウ）	「ふせぐ・ふせぎ」
カ	救（kɪəu ク）	「すくう・たすける」
ム	命（mɪɐŋ ミャウ）	「いのち・みこと・さしず」
ツ	臣（ʒĭĕn ジン）	「おみ・家来」
ミノ	民（miěn ミン）	「たみ・庶民」
ミコ	牧（mɪuk モク）	「かう・まきば・地方長官」
ト	守（ʃɪəu シュ）	「まもる・まもり」
◆	遏防（アツボウ）	「遮って防ぐ」
	防救（ボウキュウ）	「防いで救う」
	救命（キュウメイ）	「人の命を助ける」
	命臣（メイシン）	「爵位などを受けた臣下」
	臣民（シンミン）	「君主に従属する国民」
	民牧（ミンボク）	「地方の長官」
	牧守（ボクシュ）	「地方の長官」

　イザナミは黄泉の国の穢れを払うために、筑紫の日向の

橘 小門の阿波岐原に行きました。ここは宮崎県の実在
地ではなく、次のような語源を有する架空の場所でしょう。

タチバナノヲド(橘小門)

タチ　絶（dziuɛt ゼツ／ゼチ）「たつ・はなはだ」

バ　　美（mɪui ミ）「うつくしい・よい」

ナノ　人（niěn ニン）「ひと」

ヲ　　誉（yio ヨ）「ほまれ・ほめる」

ド　　嘆（tʰan タン）「なげく・ほめたたえる」

◆　絶美（ゼツビ）「非常に美しい」

　　美人（ビジン）「美しい人」

　　人誉（ジンヨ）「評判」

　　誉嘆（ヨタン）「感心してほめたたえる」

アハキハラ(阿波岐原)

ア　　遠（fiɪuʌn ヲン）「とおい」

ハ　　別（bɪɛt ベチ）「わかれる・わかれ」

キ　　去（kʰɪo コ）「さる・ゆく」

ハ　　婦（bɪəu ブ）「おんな・つま・よめ」

ラ　　閭（lɪo ロ）「むら・むらざと」

◆　遠別（エンベツ）「遠くに別れる」

　　別去（ベッキョ）「別れ」

　　去婦（キョフ）「離縁した女」

　　婦閭（フリョ）「娼家・遊女を置いている家」

これらの地名は、穢れたイザナミから遠く離れた所に逃
れることができたというイザナキの安堵感を表しています。

第86話 三貴子の誕生

イザナキが日向に行って禊をしたときに、神が次々と生まれました。脱ぎ捨てた着衣や垢などから現れ出たのです。こうして最後に、尊い三貴子（天照大御神、月読命、建速須佐之男命）が誕生しました。

次のアマテラスオホミカミは左目を洗っているときに生まれた神で、高天原を治めることになりました。

アマテラスオホミカミ（天照大御神）

- アマ　遠（ɦiuʌn ヲン）「とおい」
- テ　　照（tʃiɛu セウ）「てる・てらす」
- ラ　　臨（liəm リム）「のぞむ」
- ス　　政（tʃiɛŋ シャウ）「まつりごと」
- オ　　柄（piʌŋ ヒャウ）「え・とる・権力」
- ホ　　用（yioŋ ユウ）「もちいる」
- ミ　　兵（piʌŋ ヒャウ）「つわもの・軍隊・武器」
- カミ　権（giuɛn ゴン）「はかり・はかる・権力」
- ◆　遠照（エンショウ）「月日が遠くを照らす」
  - 照臨（ショウリン）「月日が照らす・天下を治める」
  - 臨政（リンセイ）「君主が政治をとる」
  - 政柄（セイヘイ）「政治を行う権力」
  - 柄用（ヘイヨウ）「重く用いられて権力を持つ」
  - 用兵（ヨウヘイ）「兵を用いて武力を行使する」
  - 兵権（ヘイケン）「軍隊を動かす権力」

次のツクヨミノミコトは右目を洗っているときに生まれ

た神で、ヨルノヲスクニを治めることになりました。

ツクヨミノミコト（月読命）

ッ	慈（dziei ジ）「いつくしむ」
ク	恵（ɦuei エ）「めぐむ・めぐみ」
ヨ	愛（・əi オ／アイ）「いとおしむ」
ミノ	民（miěn ミン）「たみ・庶民」
ミコ	牧（mɪuk モク）「かう・まきば・地方長官」
ト	守（ʃɪəu シュ）「まもる・まもり」

- 慈恵（ジケイ）「いつくしみ」
  恵愛（ケイアイ）「恵み深くかわいがる」
  愛民（アイミン）「民を愛する・愛する民」
  民牧（ミンボク）「地方の長官」
  牧守（ボクシュ）「地方の長官」

ヨルノヲスクニ（夜之食国）

ヨ	養（yiaŋ ヤウ）「やしなう」
ル	老（lau ラウ）「おいる・としより」
ノ	人（niěn ニン）「ひと」
ヲ	為（ɦɪuě キ）「なす・つくる・なる」
ス	政（tʃɪeŋ シャウ）「まつりごと・ただす」
クニ	見（ɦien ケン）「みる・みえる・みかた」

- 養老（ヨウロウ）「老人をいたわって養う」
  老人（ロウジン）「年をとった人」
  人為（ジンイ）「人間わざ・人手を加えること」
  為政（イセイ）「政治を行う」
  政見（セイケン）「政治家の政治についての意見」

次のタケハヤスサノヲノミコトは鼻を洗っているときに
生まれた神で、海原（うなはら）を治めることになりました。

タケハヤスサノヲノミコト（建速須佐之男命）

タ	刀 （tau ト／タウ）「かたな」
ケ	剣 （kıʌm コム）「つるぎ」
ハ	把 （pǎ ヘ）「にぎる・とって」
ヤ	握 （・ɔk アク）「にぎる」
ス	持 （ɖiei ヂ）「もつ」
サ	執 （tʃiəp シフ）「とる」
ノ	念 （nem ネム）「おもう」
ヲ	一 （・iět イチ）「ひとつ」
ノ	念 （nem ネム）「おもう」
ミ	仏 （bıuət ブツ／ブチ）「ほとけ」
コ	果 （kua クワ）「くだもの・むくい・はたす」
ト	実 （dʒiět ジチ）「み・みのる」

- ◆ 刀剣 （トウケン）「刀と剣・刀類」
- 剣把 （ケンパ）「剣のつか」
- 把握 （ハアク）「つかむ・とらえる」
- 握持 （アクジ）「しっかりと持つ」
- 持執 （ジシュウ）「持つ」
- 執念 （シュウネン）「思いこんだ気持ち」
- 念一 （ネンイツ）「修道に専念する」
- 一念 （イチネン）「ひたむきな思い」
- 念仏 （ネンブツ）「功徳を思い名号を唱えること」
- 仏果 （ブッカ）「仏を信仰して得られるよい結果」
- 果実 （カジツ）「植物の実・くだもの」

さて、アマテラスとツクヨミが父に任された国を治めていたのに、スサノヲは海原を放ったらかしにして泣きわめいていました。ネノカタスクニに行きたいというのです。

ネノカタスクニ（根之堅州国）

ネノ 人（niěn ニン）「ひと」

カ 間（kʌn ケン）「あいだ」

タ 雑（dzəp ゾフ）「まじる・まじえる」

ス 聚（dziu ズ）「あつめる・あつまる」

クニ 群（gɪuən グン）「むれ・むらがる」

- ◆ 人間（ニンゲン）「人が住む世・世間」
  間雑（カンザツ）「間にものが混ざっている」
  雑聚（ザッシュウ）「多くのものが入り混じる」
  聚群（シュウグン）「集める・集まる」

スサノヲは平和な海原が退屈だったのです。イザナキは激怒して、「汝はこの国に住むべからず」といいます。そして、スサノヲをカムヤラヒの刑に処しました。

カムヤラヒ（神やらひ）

カム 玄（ɦiuen グェン）「くらい・くろい」

ヤ 遠（ɦɪuʌn ヲン）「とおい・とおざける」

ラ 流（lɪəu ル）「ながれる・ながす」

ヒ 配（pʰuəi ヘ／ハイ）「くばる」

- ◆ 玄遠（ゲンエン）「奥深くて遠い」
  遠流（エンリュウ）「罪人を遠くの地へ追い払う」
  流配（リュウハイ）「島流し・島流しにする」

第87話

天岩屋の出来事

　流罪の刑はスサノヲには効き目がありませんでした。この刑をいい渡したイザナキが隠ってしまったからです。

　スサノヲが高天原に行ったときのことです。嵐神と暴風雨神でもあったスサノヲが歩くと大地が揺れ動き、アマテラスは弟が自分の国を奪いに来たと勘違いして、スサノヲを問い詰めました。これに対してスサノヲは、子を生むことによってウケヒ（祈誓）をしようと提案します。これは判断の当否や正邪を決定するために行われたもので、一種の占いです。

　こうして、スサノヲとアマテラスはそれぞれ子を生みます。スサノヲはアマテラスの勾玉から五柱の男神を生み、アマテラスはスサノヲの剣から三柱の女神を生みました。しかし剣から生まれた三柱は剣の持ち主の子であり、勾玉から生まれた五神は勾玉の持ち主の子だということになりました。女神を生んだことになったスサノヲは身の潔白が証明されたとして、カチサビ（勝ちさび）をします。

　カチサビのカチは「勝利」という意味です。サビは漢語の肖貌（ショウボウ）に由来する形態で、「よく似たこと」という意味です。そこで、カチサビは「勝利によく似たこと」という意味になります。勝負に勝ったから、その印をつけてやろうというのです。

　こうしてスサノヲはアマテラスの田の畔を切り、水を引く溝を埋めてしまいます。また御殿に屎をまき散らしました。こうされてもアマテラスはスサノヲを責めませんでした。しかしスサノヲは機織場の屋根を壊して、皮を剝いだ

血まみれの馬をそこから投げ入れました。驚いた機織女が
梭で女陰を突いて死んでしまいます。
<ruby>梭<rt>ひ</rt></ruby>で<ruby>女陰<rt>ほと</rt></ruby>を突いて死んでしまいます。

　スサノヲの狼藉がここまで及ぶと、アマテラスは切れて
しまいます。堪忍袋の緒が切れて、岩屋に身を隠してしま
ったのです。アマテラスは太陽神でもあったので、世界が
<ruby>常夜<rt>とこよ</rt></ruby>の国になってしまいました。そして、悪い神のざわめ
きが満ちあふれ、あらゆる災いが生じました。

　困り果てた神々は天安の河原に集り、相談をします。そ
<ruby>天安<rt>あめのやす</rt></ruby>の<ruby>河原<rt>かはら</rt></ruby>
して光を取り戻すための方策をオモヒカネノカミに考えさ
せました。

オモヒカネノカミ（思金神）

オ	意	（・ɪəi　イ）「こころ・おもい」
モ	望	（mɪaŋ　マウ）「のぞむ・のぞみ」
ヒ	風	（pɪuŋ　フウ／フ）「かぜ・ゆれる世のうごき」
カ	鑑	（kǎm　ケム）「かがみ・かんがみる」
ネノ	念	（nem　ネム）「おもう・おもい」
カミ	願	（ŋɪuʌn　ゴン）「ねがう・ねがい」

- ◆ 意望（イボウ）「こうしたいと望むこと」
  - 望風（ボウフウ）「評判を聞いて遠くから仰ぎした
    う・勢力の強いことを遠くにいて知ること」
  - 風鑑（フウカン）「人物を見る力・識見」
  - 鑑念（カンネン）「思う・思い」
  - 念願（ネンガン）「長い間の願い・心に願う」

　アマテラスを岩屋から引きずり出そうとしたオモヒカネ
の作戦は手がこんでいました。まず、夜明けの合図として

不老不死国の鶏を集めて鳴かせ、次に御統の珠を作らせました。また占いの用意として天香具山の鹿から肩甲骨を抜き取らせ、天香具山の「天ははか」という木を取って来させ、さらに天香具山から榊を根こそぎにして持って来させ、その上の枝に勾玉を、中の枝に鏡を、下の枝に白や青の布を付けさせました。そして祝詞を唱えます。

　こういうお膳立てをしたあと、才媛のアメノウズメノミコトを登場させます。

アメノウズメノミコト(天宇受売命)

　ァ　愛（・əi オ／アイ）「いとおしむ」

　メノ　民（miěn ミン）「たみ・庶民」

　ゥ　英（・ɪʌŋ ヤウ）「うるわしい・すぐれている」

　ズ　俊（tsiuěn シュン）「すぐれる・すぐれた人」

　メ　美（mɪui ミ）「うつくしい・よい」

　ノ　人（niěn ニン）「ひと」

　ミ　品（pʰɪəm ホム）「しな・しなもの」

　コ　行（fiʌŋ ギャウ）「おこなう・おこない」

　ト　状（dʑǐaŋ ジャウ）「すがた・かたち」

　◆　愛民（アイミン）「民を愛する・愛する民」

　　　民英（ミンエイ）「民間の英才」

　　　英俊（エイシュン）「すぐれた才能・才人」

　　　俊美（シュンビ）「すぐれていて美しい」

　　　美人（ビジン）「美しい人」

　　　人品（ジンピン）「人に備わっている品格」

　　　品行（ヒンコウ）「行い・行状」

　　　行状（ギョウジョウ）「品行・行い・身持ち」

アメノウズメは肩にタスキを懸け、頭にカヅラを飾り、笹の葉の束を手に持ち、桶を逆さまにしてその上に立ち、乳を露出して、女陰に裳緒を垂らして足を踏み鳴らしました。神々が大笑いして高天原がどよめきました。

騒ぎのわけを尋ねたアマテラスにアメノウズメが「あなたよりも尊い神と遊んでいる」と嘘をつき、別の神がアマテラスに鏡を向けます。そして鏡の中の顔をよく見ようとアマテラスが前進する瞬間を次の神が待っていました。

アメノタヂカラヲ (天手力男)

ァ	縁 (yiuɛn エン)	「ふち・へり」
メノ	辺 (pen ヘン)	「はし・はて・へり」
タ	土 (tʰo ツ)	「つち・大地」
ヂ	神 (dʒiɐn ジン)	「かみ」
カ	怪 (kuʌi クエ)	「あやしい・あやしむ」
ラ	力 (lɪək リキ)	「ちから」
ヲ	役 (yiuɛk ヤク)	「こきつかう・労役」

◆ 縁辺 (エンペン)「周囲・辺境・国境地帯」
　辺土 (ヘンド)「国境地方・都から離れたいなか」
　土神 (ドジン)「土の神・その土地を守る神」
　神怪 (ジンカイ)「ばけもの・不思議で怪しいこと」
　怪力 (カイリキ)「ひどく強い力」
　力役 (リキエキ)「あら仕事・税金がわりの労働」

力だけは自慢のアメノタヂカラヲが岩屋からアマテラスを引きずり出しました。そして別の神が標縄を張って岩屋を封印しました。こうして世界に光が戻ったのです。

第88話 追放されたスサノヲ

　天岩屋の事件が落着した後、高天原の神々はスサノヲの処分について協議しました。その結果、スサノヲに「千位置戸」を負わせ、鬚と手足の爪とを切って穢れを祓い清め、カムヤラヒの刑に処しました。

　カムヤラヒは、第86話で述べたように「島流し」というのが原義です。実際には、「高天原からの追放」を意味しています。では、「千位置戸」とはいったい何なのでしょう。私はこう思います。チクラのチは漢語の千（tsʰen セン）と同源で「千」の意味、ここでは数の多いことを表していると考えてよいでしょう。またクラは「蔵」を意味しています。そして、オキトは「金銭や品物を差し出して罪を免れること」を意味する漢語の贖罪（dʒɪok-dzuəi）と同源で、語頭の dʒ に対応する音が消失した語だと推定されます。そこで、チクラノオキトは「蔵千戸分の財産刑」と考えるのが妥当です。

　さて、高天原を追われたスサノヲは地上に向かいます。道すがら、腹をすかせたスサノヲはオホゲツヒメノカミを訪れて食事を求めます。すると、この女神は鼻と口と尻から美味な物をいろいろと取り出し、いろいろと料理してスサノヲに差し出します。しかし、その一部始終を見ていたスサノヲは出された食事が穢れていると思って女神を殺してしまいました。

　ところで、殺されたオホゲツヒメノカミは第80話で話題にした阿波国を表すオホゲツヒメと瓜二つです。漢字表記も同じです。しかし、作者にだまされてはいけません。

一方は地名で、他方は神名です。両者を同一視する根強い説もあるようですが、私はそういう見方に同調しません。神名としてのオホゲツヒメノカミには、次のような意味が隠されていると考えるからです。

オホゲツヒメノカミ（大宜都比売神）

オ	応	（·ɪəŋ オウ）「こたえる・応じる」
ホ	変	（pɪɛn ヘン）「かわる・かえる」
ゲ	改	（kəi カイ）「あらためる・あらたまる」
ツ	造	（dzau ザウ）「つくる・なす」
ヒ	物	（mɪuət モツ／モチ）「もの」
メノ	変	（pɪɛn ヘン）「かわる・かえる」
カミ	現	（ɦien ゲン）「あらわれる・あらわす」

- ◆ 応変（オウヘン）「事情に応じて変化する」
  - 変改（ヘンカイ）「変更する」
  - 改造（カイゾウ）「造り直す」
  - 造物（ゾウブツ）「物質を寄せ集めて万物を造る」
  - 物変（ブツヘン）「事物の変化」
  - 変現（ヘンゲン）「姿を変えて現れる」

このように、オホゲツヒメノカミはその場に応じて何でも作ることができました。不運だったのは、調理しているところをスサノヲに見られてしまったことです。

しかし、オホゲツヒメノカミの死は無駄死にではありませんでした。その死体からいろいろな物が生まれたからです。頭から蚕が生まれ、2つの目に稲種が生まれ、2つの耳から粟が生まれ、鼻から小豆が生まれ、尻から大豆が生

まれました。そして、物を増やすことに執着した次の神が
死体に生まれた種を拾い集めました。

カムムスヒノミオヤノミコト（神産巣日御祖命）

カム	群	（gıuən グン）「むれ・むれる」
ムス	物	（mıuət モツ／モチ）「もの」
ヒ	役	（yiuɛk ヤク）「こきつかう・労役」
ノ	人	（niěn ニン）「ひと」
ミ	民	（miěn ミン）「たみ・庶民」
オ	英	（・ıʌŋ ヤゥ）「うるわしい・すぐれている」
ヤ	偉	（ɦıuəi キ）「えらい」
ノ	人	（niěn ニン）「ひと」
ミ	品	（pʰıəm ホム）「しな・しなもの」
コ	行	（ɦʌŋ ギャゥ）「おこない・ふるまい」
ト	状	（dʐıɐŋ ジャゥ）「すがた・かたち」

◆ 群物（グンブツ）「さまざまな物」
　物役（ブツエキ）「物に取り付かれている（人）」
　役人（ヤクニン）「人足・人夫」
　人民（ジンミン）「一般民衆・民」
　民英（ミンエイ）「民間のすぐれた人」
　英偉（エイイ）「すぐれてえらい（人）」
　偉人（イジン）「りっぱなことを成しとげた人」
　人品（ジンピン）「人に備わっている人格」
　品行（ヒンコウ）「行い・行状」
　行状（ギョウジョウ）「品行・行い・身持ち」

この神の偉業によって五穀が世に広まったのです。

第89話 ヤマタノヲロチの退治

　高天原から追放されたスサノヲは、出雲の肥河の上流にある鳥髪という所に降り立ちました。このとき、河の上流から箸が流れて来たのを見て、河上に人が住んでいると思い、そこを訪れました。

　すると、老男と老女が童女をはさんで泣いていました。スサノヲが「汝れどもは誰そ」と尋ねると、老男が「僕が名は足名椎と謂ひ、妻が名は手名椎と謂ひ、女が名は櫛名田比売と謂ふ」と答えました。私が考えるこれらの名の成り立ちを下に示します。

アシナヅチ（足名椎）

ァ　矮（ǎi エ）「せがひくい」

シ　小（sieu セウ）「ちいさい・ちいさいもの」

ナ　人（niěn ニン）「ひと」

ヅチ　卒（tsuət／tsʰuət ソチ）「小者たち」

　◆　矮小（ワイショウ）「背が低く小さい」
　　　小人（ショウジン）「背の低い人・徳のない人」
　　　人卒（ジンソツ）「人民」

テナヅチ（手名椎）

テ　大（dai／da ダイ／ダ）「おおきい」

ナ　人（niěn ニン）「ひと」

ヅチ　卒（tsuət／tsʰuət ソチ）「小者たち」

　◆　大人（タイジン）「徳のある人・人格者」
　　　人卒（ジンソツ）「人民」

クシナダヒメ（櫛名田比売）

- クシ　吉（kiĕt キチ）「よい・めでたいさま」
- ナ　　人（niĕn ニン）「ひと」
- ダ　　智（ţĕ チ）「さとい・知恵」
- ヒメ　弁（bɪen ベン）「弁舌さわやか」
  - ◆　吉人（キツジン）「よい人・りっぱな人」
  - 　　人智（ジンチ）「人の智恵」
  - 　　智弁（チベン）「才知ある弁舌」

　スサノヲが泣いているわけを尋ねると、老男は答えます。毎年やって来て娘を食べて行くヤマタノオロチがもうすぐやって来ると。これを聞いてスサノヲは娘を自分にくれといいます。「吾は、天照大御神のいろせ（同母の弟）ぞ。故、今、天より降りましぬ」というと、老男は恐縮して、献上するといいます。

　スサノヲはヲロチを退治しようとします。クシナダヒメを櫛に変えて髪に刺し、老男と老女に強い酒を作らせ、8つの門のある垣を作らせ、門ごとに棚を設けて酒船を置き、中に酒を盛らせました。やがてヲロチが来て、酒を飲んで寝てしまいます。スサノヲが剣でヲロチをばらばらに切ってしまうと、中からツムハの大刀が現れました。クサナギの大刀という名で知られる刀です。

ツムハ（都牟羽）

- ツム　尖（tsiɛm セム）「とがる・するどい」
- ハ　　鋒（pʰɪoŋ フ／フウ）「ほこさき・きっさき」
  - ◆　尖鋒（センポウ）「尖った切っ先・屠殺刀」

クサナギ (草なぎ)

- ク　救 (kɪəu ク)「すくう・たすける」
- サ　災 (tsəi サイ)「わざわい」
- ナ　難 (nan ナン)「わざわい・うれい」
- ギ　儀 (ŋǐ ギ)「のり・のっとる・はかる」
- ◆　救災 (キュウサイ)「災難を救う」
  　　災難 (サイナン)「ふいに身の上に起こる不幸」
  　　難儀 (ナンギ)「困難・やっかいなこと・苦しみ」

ツムハの大刀は先端が尖った大刀で、クサナギの大刀は災難にあって困っているときに助けてくれる大刀です。

さて、ヲロチを退治したスサノヲは「八雲立つ　出雲八重垣　妻籠みに　八重垣作る　その八重垣を」と歌を詠んで須賀宮を作りましたが、ヤヘガキの実体はこれです。

ヤヘガキ (八重垣)

- ヤ　逸 (yiĕt イチ)「ぬきんでたさま」
- ヘ　美 (mɪui ミ)「うつくしい・よい」
- ガ　玉 (ŋiok ゴク)「たま・宝石」
- キ　宮 (kɪuŋ ク／クウ)「みや・御殿」
- ◆　逸美 (イッピ)「ひときわ美しい」
  　　美玉 (ビギョク)「美しい玉」
  　　玉殿 (ギョクデン)「御殿」

ヤヘガキは須賀宮のことです。そしてこの宮の管理者となったアシナヅチに与えられた須賀之八耳神という名の起源は、「水岸異才分藩翰」です。

第90話 オホクニヌシの誕生

　スサノヲとクシナダヒメは結婚して、八嶋士奴美神をもうけました。そしてこの神から布波能母遅久奴須奴神→深淵之水夜礼花神→淤美豆奴神→天之冬衣神とつながって、大国主神が生まれました。

　本文には、この神について「亦の名は大穴牟遅神と謂ひ、亦の名は葦原色許男神と謂ひ、亦の名は八千矛神と謂ひ、亦の名は宇都志国玉神と謂ひ、并せて五つのみ名あり」と述べられています。

　以下に、オホクニヌシノカミとその4つの亦の名にどういう意味が隠されているかを示します。

オホクニヌシノカミ（大国主神）

オ	允（yiuěn イン）	「まこと・まことに」
ホ	武（mɪuo ム）	「たけだけしい・つわもの」
クニ	軍（kɪuən クン）	「つわもの・いくさ」
ヌ	人（niěn ニン）	「ひと」
シ	才（dzəi ザイ）	「すぐれたもちまえ」
ノ	能（nəŋ ノウ／ノ）	「あたう・よくする」
カミ	賢（ɦen ゲン）	「かしこい・かしこい人」
◆	允武（インブ）	「武徳のある」
	武軍（ブグン）	「兵隊・軍隊」
	軍人（グンジン）	「兵士」
	人才（ジンサイ）	「すぐれた才能」
	才能（サイノウ）	「身についた知恵と能力」
	能賢（ノウケン）	「才知と能力がある（人）」

オホナムヂノカミ (大穴牟遅神)

オ　允 (yiuěn イン)「まこと・まことに」

ホ　武 (mıuo ム)「たけだけしい・つわもの」

ナム　人 (niěn ニン)「ひと」

ヂノ　臣 (ʒıěn ジン)「おみ・家来」

カミ　宦 (ɦuǎn グェン)「つかさ・役人」

　◆　允武 (インブ)「武徳のある」
　　　武人 (ブジン)「さむらい・勇士・粗暴な人」
　　　人臣 (ジンシン)「君主に仕える家来・臣下」
　　　臣宦 (シンカン)「官吏」

アシハラノシコヲノカミ (葦原色許男神)

ア　圧 (・ăp エフ)「おさえる・おしつける」

シ　政 (tʃıɛŋ シャウ)「まつりごと・ただす」

ハ　府 (pıu フ)「くら・役所・みやこ」

ラノ　廩 (lıəm リム)「くら・こめぐら」

シコ　蓄 (tıuk チク)「たくわえる」

ヲノ　怨 (・ıuʌn ヲン)「うらむ・うらみ」

カミ　恨 (ɦən ゴン)「うらむ・うらみ」

　◆　圧政 (アッセイ)「権力でおさえつける政治」
　　　政府 (セイフ)「政治を行う役所・国の統治機関」
　　　府廩 (フリン)「国の穀物倉庫」
　　　廩蓄 (リンチク)「倉庫に蓄える」
　　　蓄怨 (チクエン)「恨みを蓄える・積もった恨み」
　　　怨恨 (エンコン)「恨む・恨み」

上の３つの名のうち１つ目と２つ目には肯定的、３つ目

には否定的な含みがあります。下の2つは肯定的です。

ヤチホコノカミ（八千矛神）

ヤ　野（yiǎ ヤ）「の・ひなびた」

チ　拙（tʃɪuɛt セチ）「つたない」

ホ　朴（pʰɔk ホク）「かざりけがないさま」

コノ　謹（kɪən コン）「つつしむ」

カミ　厳（ŋɪʌm ゴム）「おごそか・きびしい」

◆　野拙（ヤセツ）「礼儀知らずなさま」
　　拙朴（セツボク）「飾り気がなく純朴なさま」
　　朴謹（ボクキン）「飾りけがなく慎みぶかいこと」
　　謹厳（キンゲン）「慎みぶかくて威厳があること」

ウツシクニタマノカミ（宇都志国玉神）

ウ　盈（yieŋ ヤウ）「みちる・みたす」

ツシ　実（dʒɪĕt ジチ）「み・みのる」

ク　国（kuək コク）「くに」

ニ　人（niĕn ニン）「ひと」

タマ　天（tʰen テン）「あめ」

ノ　人（niĕn ニン）「ひと」

カミ　鑑（kǎm ケム）「かがみ・かんがみる」

◆　盈実（エイジツ）「実りあふれるさま」
　　実国（ジツコク）「実りの国・富国」
　　国人（コクジン）「国の人・国民」
　　人天（ジンテン）「人と天・食べ物・君主」
　　天人（テンジン）「天と人・天意と人事」
　　人鑑（ジンカン）「人の鏡」

第91話 **稲羽の素兎の話**
<small>いな ば</small> <small>しろうさぎ</small>

　この話は、オホクニヌシノカミがオホナムヂノカミと呼ばれていたときの話です。

　オホナムヂには、ヤソカミと呼ばれる異母兄弟たちがいました。ヤソガミが稲羽（因幡）に行くことになり、オホナムヂが従者として大袋を担がされてついて行きました。ヤソカミの旅の目的は、噂に聞くヤガミヒメに求婚することでした。

　さて、ヤソカミのヤソは「八十」で、ヤソカミは「多くの神」を意味するというのが一般的な解釈ですが、これはまちがっています。ヤガミヒメとともに、その語の成り立ちを示してみましょう。

ヤソカミ (八十神)

ヤ　野（yiǎ ヤ）「の・ひなびた」
ソ　心（siəm シム）「心臓・こころ」
カミ　願（ŋiuʌni ゴン）「ねがう・ねがい」
◆　野心（ヤシン）「野望」
　　心願（シンガン）「心のうちにある願い」

ヤガミヒメ (八上比売)

ヤ　陰（·iəm オム）「くらい・かげ」
ガミ　見（ken ケン）「みる・みえる」
ヒメ　聞（miuən モン）「きく・きこえる」
◆　陰見（インケン）「密会する・密かに見える」
　　見聞（ケンブン）「見聞きすること」

ヤソカミが気多前（現在の白兎海岸）までやって来たとき、皮をはがされた兎が横たわっているのを見て、潮水を浴びて風に吹かれ、高い山の上で寝ているようにといいます。兎がそのとおりにすると、体の表面が風に吹き裂かれてしまいました。

　兎が苦しんで泣いていると、オホナムヂが通りかかります。重い荷を背負っていたので、ヤソカミのずっとうしろを歩いていたのです。兎は鰐をだまして淤岐嶋から渡って来て、最後に「汝は我に欺かえぬ」といって捕まってしまったといいます。オホナムヂは、川の水で体を洗い、蒲の穂の粉を敷いて転び回れと教えます。

　これに続く本文に「教への如くせしかば、その身本の如し。これ稲葉の素菟ぞ。今者に菟神と謂ふ」と述べられています。これが話の「落ち」です。作者はウサギガミの語源を探れとうながしています。答えはこれです。

ウサギガミ（菟神）

ウ　怨（・ıuʌn ヲン）「うらむ・うらみ」

サ　詐（ʦšă シャ）「いつわる・あざむく」

ギ　偽（ŋıuě グキ）「いつわる・いつわり」

ガミ　言（ŋıʌn ゴン）「いう・ことば」

◆　怨詐（エンサ）「恨みあざむく」

　　詐欺（サギ）「偽る・偽り・うそ」

　　偽言（ギゲン）「偽りの言葉・うそ」

　白兎海岸のわきに白兎神社があって、この神が祀られています。兎のずるがしこさが見抜けなかったようです。

　ヤソカミから求婚されたヤガミヒメはそれを断り、オホ
ナムヂに嫁ぐといいました。ヤソカミは怒ってオホナムヂ
を殺そうとします。赤いイノシシを下に追いこむからそれ
を捕えろとオホナムヂに命じて、真っ赤に焼いた大石を上
から転がします。オホナムヂはそれをつかんで焼け死んで
しまいました。このときに立ちあがったのが母親のサシク
ニワカヒメでした。

サシクニワカヒメ（刺国若比売）

<table>
<tr><td>サシ</td><td>察</td><td>(tʂʰăt セチ)</td><td>「こまかくみわける」</td></tr>
<tr><td>クニ</td><td>見</td><td>(ken／ɦien ケン／ゲン)</td><td>「みる・みえる・眼前」</td></tr>
<tr><td>ワカ</td><td>役</td><td>(yiuɛk ヤク)</td><td>「こきつかう・労役」</td></tr>
<tr><td>ヒメ</td><td>民</td><td>(miǎn ミン)</td><td>「たみ・庶民」</td></tr>
<tr><td>◆</td><td>察見</td><td>(サッケン)</td><td>「はっきりと見きわめる」</td></tr>
<tr><td></td><td>見役</td><td>(ゲンエキ)</td><td>「現在その職にあること・現役」</td></tr>
<tr><td></td><td>役民</td><td>(ヤクミン)</td><td>「使役される人・人を使役する」</td></tr>
</table>

　この神は、その名前から先見性に富んだ行動力のある神
であったことがうかがわれます。サシクニワカヒメが天界
に上り助けを乞うと、キサガヒヒメとウムガヒヒメが遣わ
されました。そしてキサガヒヒメがこそぎ集めた貝殻の粉
にウムガヒヒメが出した母乳のような汁を混ぜた物を塗っ
てもらってオホナムヂは生き返りました。このようにして
オホナムヂを救った女神の名は、次のような成り立ちの名
前であると考えられます。

キサガヒヒメ (𧏛貝比売)

キ　寄 (kĭɛ̆ キ)「よる・よせる」

サ　進 (tsiĕn シン)「すすむ・すすめる」

ガ　御 (ŋıo ゴ)「おさめる・はべる」

ヒ　物 (mıuət モツ／モチ)「もの」

ヒメ　品 (pʰıəm ホム)「しな・しなもの」

◆　寄進 (キシン)「寺や神社に寄附する」
　　進御 (シンギョ)「天子のそばに進み出る・天子の
　　寵を承ける・天子にすすめさしあげる」
　　御物 (ギョブツ)「天子の持ち物」
　　物品 (ブッピン)「品物」

ウムガヒヒメ (蛤貝比売)

ウ　営 (yiuɛŋ ヤウ)「いとなむ」

ム　奉 (bıoŋ ブ)「たてまつる」

ガ　御 (ŋıo ゴ)「おさめる・はべる」

ヒ　物 (mıuət モツ／モチ)「もの」

ヒメ　品 (pʰıəm ホム)「しな・しなもの」

◆　営奉 (エイホウ)「かしづく」
　　奉御 (ホウギョ)「捧げる」
　　御物 (ギョブツ)「天子の持ち物」
　　物品 (ブッピン)「品物」

　オホナムヂはこのあと母にすすめられて木国（紀伊国）
に行きましたが、ヤソカミが仕掛けた大木の切れ目にはさ
まって死んでしまいます。しかし、また母に助けられまし
た。そして今度は、スサノヲの所に行けといわれます。

第93話 試練を潜り抜ける

　こうしてオホナムヂは堅州国に逃れます。スサノヲの家に着くと、娘のスセリビメが出迎えてくれました。

スセリビメ (須勢理比売)
ス　　死（sii シ）「しぬ」
セ　　所（şio ショ）「ところ」
リ　　領（lieŋ リャウ）「おさめる」
ビメ　分（pɪuən フン）「わける」
　◆　死所（シショ）「死に場所」
　　　所領（ショリョウ）「領土とする」
　　　領分（リョウブン）「なわばり」

　オホナムヂとスセリビメは互いに一目惚れします。スセリビメが家の中に入って父親に「いと麗しき神来ませり」というと、中から出て来たスサノヲは「こは、葦原色許男命と謂ふ」といいました。第90話で見たように、この名前の意味は芳しくありません。

　このあとすぐに、オホナムヂは寝室に通されます。しかし、そこは蛇の室でした。ヤソカミから逃れたオホナムヂに新たな困難が待ち受けていたのです。それは、スサノヲのしごきです。よくいえば、スサノヲが企てた試練です。

　蛇は、これをおとなしくさせる領巾をスセリビメから渡してもらって何とかなりました。次の日に通された百足と蜂の室でも、領巾をもらって事無きを得ました。

　こんなこともありました。スサノヲが野原で鏑矢を遠く

に放ち、それを取って来いと命じました。オホナムヂがそれを探しに行くと、スサノヲはそのまわりに火をつけます。オホナムヂは逃げ場を失いますが、ネズミが現れて、「内はほらほら、外はすぶすぶ」と謎めいたことをいいます。そこを踏みつけると穴があき、穴にかくれている間に火は消えました。私の想像では、ホラホラは「豊かで美しい」を意味する漢語の富麗（pɪəu-lei、フレイ）と同源で、スブスブは「深く企てた謀りごと」を意味する深謀（ʃɪəm-mɪəu、シンボウ）と同源です。ネズミは火を誰かの謀略だと考えて富麗な穴のなかに隠れろと教えてくれたのです。

　さて、オホナムヂがまだ生きていることを知ったスサノヲは新たな試練を課します。頭の虱を取れというのです。しかしそれは百足でした。スセリビメがすかさず椋の実と赤土を持ってきます。オホナムヂは椋の実を嚙み、赤土を口に含んで吐き出します。スサノヲは、気をよくして寝てしまいます。

　オホナムヂは、逃げるなら今だと思いました。眠っているスサノヲの髪を柱に縛り付け、スセリビメを背負って脱出しました。ついでに、スサノヲが大事にしているイクタチとイクユミヤとアメノノリゴトを奪って。

イクタチ（生大刀）

イ　威（・ɪuəi キ）「おどし・おそれ・おどす」

ク　強（gɪaŋ ガウ）「つよい・つよめる」

タチ　奪（duat ダツ／ダチ）「うばう」

　◆　威強（イキョウ）「威勢のよいこと」
　　　強奪（ゴウダツ）「暴力を使って奪う」

イクユミヤ（生弓矢）

- イ　威（・ɪuəi キ）「おどし・おそれ・おどす」
- ク　強（gɪaŋ ガウ）「つよい・つよめる」
- ユミ　引（yiěn イン）「ひく・ひっぱる」
- ヤ　援（ɦɪuʌn ヲン）「ひく・ひっぱる」
- ◆　威強（イキョウ）「威勢のよいこと」
  強引（キョウイン）「強く引く」
  引援（インエン）「引っ張る・引き連れる」

アメノノリゴト（天詔琴）

- ア　慰（・ɪuəi キ）「なぐさめる・なぐさめ」
- メノ　勉（mɪɛn メン）「つとめる・はげます」
- ノ　農（noŋ ノウ／ノ）「たがやす・畑仕事」
- リ　力（lɪək リキ）「ちから・力仕事・つとめる」
- ゴ　耕（kɛŋ キャウ）「たがやす」
- ト　田（den デン）「た・田畑・耕作する」
- ◆　慰勉（イベン）「つとめを慰める」
  勉農（ベンノウ）「農事をつとめる」
  農力（ノウリキ）「粘り強く働く・田畑を耕す能力」
  力耕（リキコウ）「田畑の耕作をつとめる」
  耕田（コウデン）「田畑を耕す・耕された田畑」

　スサノヲは目をさまし、縛り付けられた髪をほどいて追いかけますが、逃げられてしまいます。スサノヲは遠くにいるオホナムヂに叫びました。イクタチとイクユミヤでヤソカミを倒し、スセリビメを正妻として、太い宮柱を立て、高天原に届くほど高々と千木を掲げよと。

オホクニヌシが出雲の御大の御前（三保岬）にいたときのことです。沖合から波頭を伝ってやって来る小舟を見つけました。アメノカガミブネという名の舟です。

アメノカガミブネ（天の羅摩船）

ァ　　愛（・əi アイ）「いとおしむ・めでる」

メノ　民（miěn ミン）「たみ・庶民」

カ　　間（kʌn カン）「あいだ・すきま」

ガミ　間（kʌn カン）「あいだ・すきま」

ブネ　民（miěn ミン）「たみ・庶民」

◆　愛民（アイミン）「民をいつくしむ・愛する民」
　　民間（ミンカン）「普通の人々の社会」
　　間間（カンカン）「こせこせしたさま・こまぎれ」
　　間民（カンミン）「遊民・遊んで暮らす人」

　この舟に、蛾の皮を剝いで作った着物をまとった神が乗っていました。オホクニヌシがあれは誰だと聞いても、誰も知りません。しかしヒキガエルが、クエビコなら知っているだろうと答えました。

　クエビコは、世の中のことを何でも知っていました。この神は、歩けなくなってからヤマダノソホドと呼ばれるようになった神です。この神がヤマダノカカシ（山田案山子）のモデルになったと私は考えています。

　それはともかくとして、クエビコとヤマダノソホドという名前にどんな意味が隠されているかを見てみましょう。

クエビコ（久延毗古）

ク　広（kuaŋ クヮウ）「ひろい・ひろめる」

エ　淵（·uen エン）「ふち・ふかいさま」

ビコ　博（pak ハク）「ひろい・ひろめる」

- ◆ 広淵（コウエン）「広大で深い」
  淵博（エンパク）「学問が広く深いさま」

ヤマダノソホド（山田の曾富騰）

ヤ　逸（yiět イチ）「ひときわすぐれたさま」

マ　美（mɪui ミ）「うつくしい・よい」

ダノ　田（den デン）「た・田畑」

ソ　祖（tso ソ）「じじ・はじめ・はじめた人」

ホ　母（məu モ／ム）「はは・ものをうむ根源」

ド　体（tʰei タイ）「からだ・身体」

- ◆ 逸美（イツビ）「非常に美しい」
  美田（ビデン）「良田」
  田祖（デンソ）「農事を教えた神・神農」
  祖母（ソボ）「母の母」
  母体（ボタイ）「母の体・派生した物の元」

　さて、オホクニヌシがクエビコを呼んで小舟に乗った神の名を尋ねると、「こは、神産巣日神の御子、少名毗古那神ぞ」といいました。カムムスヒノカミは第76話でふれた天地初発のときの神ですが、まだ健在です。

　オホクニヌシは、そのことをカムムスヒに確かめました。カムムスヒは「こは、実に我が子ぞ」といいます。そして、オホクニヌシと兄弟になって、力を合わせて国作り

をせよ、というのです。

オホクニヌシの国作りに協力したスクナビコナは有能な神でした。このことは、その名前の成り立ちからも見てとれます。

スクナビコナノカミ (少名毗古那神)

ス　俊 (tsiuěn シュン)「すぐれる」

ク　賢 (ĥen ゲン)「かしこい」

ナ　人 (niěn ニン)「ひと」

ビ　望 (mıaŋ マウ)「のぞむ・のぞみ」

コ　見 (ken ／ ĥen ケン／ゲン)「みる・みえる・眼前」

ナノ　任 (niəm ニム)「まかせる・ゆだねる」

カミ　官 (kuan クワン)「つかさ・役人」

- ◆ 俊賢 (シュンケン)「すぐれていて賢い (人)」

　　賢人 (ケンジン)「徳のあるすぐれた人」

　　人望 (ジンボウ)「人から受ける信頼と尊敬」

　　望見 (ボウケン)「遠くを見る・遠くから見える」

　　見任 (ケンニン)「現在その任務についている」

　　任官 (ニンカン)「官職につかせる」

オホクニヌシは国作りに励みました。しかし困ったことが起きました。協力者のスクナビコナが「常世国」に行ってしまったからです。死んでしまったのです。「常世」は「常夜」と同源で、「死の国」、転じて「不老不死国」のことですが、トコヨノクニは『古事記』の作者が作った言葉でしょう。これには次のような意味が込められていると思われます。

トコヨノクニ（常世国）

トコ　特（dək ドク）「とりわけすぐれたさま」

ヨノ　恩（・ən オン）「ありがたみ・いつくしむ」

クニ　眷（kɪuɛn クエン）「かえりみる・なさけ」

◆　特恩（トクオン）「特別の恩賜」

　　恩眷（オンケン）「いつくしみ恵みを施すこと」

　オホクニヌシが困っていると、海を照らして一柱の神が現れました。その神は自分をきちんと祀ってくれたら、国作りが果たせるといいます。どうやって祀るのかと尋ねると、大和を取り囲む青い山並みの東の山の上に手厚く祀れといいます。この山が三輪山であることは明らかです。

　三輪山はミムロヤマ（三緒山／御緒山）とも呼ばれました。ミムロの語源は、第42話で述べたように繁茂（ハンモ）と茂林（モリン）とが融合した「繁茂林」です。三輪山が原生林であることに根ざした名前です。

　ここで考えてみたいことがあります。自分を祀ってくれたら国作りが果たせるといった神は名告（なの）りをしていません。本文にも、「こは、御緒山（みもろのやま）に坐（いま）す神ぞ」と述べられているだけです。明らかに、ほかの神と扱いが異なります。なぜでしょうか。

　理由は簡単です。「御緒山（みもろのやま）に坐（いま）す神」といっただけで、それがオホモノヌシノカミ（大物主神）と読者にわかったからです。人々が現実に信仰していた神、また自分が名付け親でもない神は、フィクションには不向きでした。しかし、神々の系譜を語りながらそれを無視するわけにはいきません。あいまいに、ふれるだけの扱いにしたのです。

オホクニヌシが治める葦原中国は栄えました。その繁栄ぶりに目を付けたのがアマテラスです。アマテラスは自分の子がその国を治めるべきだという御言を出し、息子である神を下界に送ろうとしました。しかしこの神は、下界に通じる天浮橋に立って下界を見下ろしたとき、そこがひどくざわめいているのを知って引き返してきました。

　こういう行動をとるだろうことは、その長い名前である正勝吾勝勝速日天忍穂耳命を解析すると予測できます。この名前は前半と後半に分割できます。前半部の語源を簡単に示すと次のようになります。

マ サカツ ア カ ツ カ チ ハ ヤ ヒ　まさかつ あ かつかちはやひ
福沢充盈虚恬豁目囲屏（正勝吾勝勝速日）

　この神の名の漢字表記には「勝」が3つ付いて気丈な神を思わせますが、見掛け倒しです。上のマサカツアカツカチハヤヒは、気分の浮き沈みが激しく、ぎょっとして見開いた目を手で覆ってしまう気弱な性癖を表しています。天浮橋に立ったときも、そういう仕草をしたのでしょう。

　名前の後半部分は次のとおりです。

ア メ ノ オ シ ホ ミ ミ ノ ミ コト　あめのおし ほみみのみこと
盈満飲酒悲憤満面詰（天忍穂耳命）

これは、「酒を浴びるほど飲んで、悲しんだり怒ったりして、面と向かって相手をなじる」という意味です。

　アマテラスの子でも、これでは駄目です。高天原の神々

は集って、オモヒカネに方策を考えさせ、アメノホヒノカミを下界に送ることにしました。

アメノホヒノカミ（天菩比神）

ァ 案（·an アン）「かんがえる・かんがえ」

メノ 文（mıuən モン）「あや・もじ」

ホ 豹（pǎu ヘウ）「ひょう」

ヒノ 変（pıɛn ヘン）「かわる・かえる」

カミ 現（ɦien ゲン）「あらわれる・あらわす」

◆ 案文（アンブン）「下書きの文章・原案の文章」
　文豹（ブンヒョウ）「豹の毛皮の模様」
　豹変（ヒョウヘン）「態度などが急に変わる」
　変現（ヘンゲン）「姿を変えて現れる」

　天岩屋の事件ではオモヒカネの思惑が見事に当たりましたが、今回推薦したアメノホヒノカミはミスキャストでした。なにしろ豹変する君子のような名の神ですから、事前の取り決めはあてになりません。オホクニヌシに媚びへつらって、3年に至るまで何の沙汰もよこしませんでした。

　そこで、今度は誰を遣わそうという話になりました。こうして、オモヒカネが「天津国玉神の子、天若日子を遣はすべし」と進言しました。

　アマツクニタマノカミという名は、いかにも高貴な大宮人のような響きがします。また、アメノワカヒコというのも溌剌とした貴公子を思わせる名前です。

　しかし、実際はちがっていたと私は想像します。父親のアマツクニタマノカミは地位の低い卑官であり、息子のア

メノワカヒコは生活苦にあえぐ貧乏神だったようです。こういうことは、名前の成り立ちを調べてみれば察しがつきます。

アマツクニタマノカミ（天津国玉神）

ア　裔（yiɛi エイ）「すそ・とおい・すえ」
マツ　末（muat マツ／マチ）「すえ・はし」
クニ　官（kuan クヮン）「つかさ・役人」
タマ　田（den デン）「た・田畑」
ノ　奴（no ヌ）「召使」
カミ　官（kuan クヮン）「つかさ・役人」
　◆　裔末（エイマツ）「末裔・末孫」
　　　末官（マッカン）「地位の低い役人・卑官」
　　　官田（カンデン）「公田・役人に与えられる田」
　　　田奴（デンド）「農奴」
　　　奴官（ドカン）「地位の低い役人・卑官」

アメノワカヒコ（天若日子）

ア　安（·an アン）「やすらか・やすんずる」
メノ　貧（bǐen ビン）「まずしい」
ワ　隘（·ǎi エ）「せまい」
カ　窮（gɪuŋ グ／グウ）「きわまる・きわまり」
ヒコ　厄（·ɛk ヤク）「つかえ・ゆきづまり」
　◆　安貧（アンビン）「貧乏に安んじる」
　　　貧隘（ヒンアイ）「貧しくて狭苦しい」
　　　隘窮（アイキュウ）「ゆきづまって困窮する」
　　　窮厄（キュウヤク）「貧しくて生活にゆきづまる」

アメノワカヒコは地上に降りるときに、アメノマカユミ（天のまか弓）という名の弓と、アメノハハヤ（天のはは矢）という名の矢を渡されましたが、これらの名前の成り立ちは次のとおりです。

恩免費解印（天のまか弓）
<small>アメノマ カユミ</small>

恩免放免役（天のはは矢）
<small>アメノハハヤ</small>

アメノマカユミは「官を辞すにあたり理解しにくい費用を恩赦により免じる」という意味で、アメノハハヤは「官としての労役を恩赦により免じる」という意味です。

アメノワカヒコはこうやって下界に遣わされましたが、オホクニヌシの娘シタデルヒメと結婚してしまいます。

シタデルヒメ（下照比売）

- シ　舌（dʒɪɛt ゼツ／ゼチ）「した・ことばを話すこと」
- タ　端（tuan タン）「はし・ただしい」
- デ　辞（ziei ジ）「ことば」
- ル　令（lɪɛŋ リャウ）「よい・よくする」
- ヒメ　聞（mɪuən モン）「きく・きこえる」
- ◆　舌端（ゼッタン）「弁舌」
　　端辞（タンジ）「正しい言葉」
　　辞令（ジレイ）「巧みに連ねた言葉」
　　令聞（レイブン）「よい評判」

アメノワカヒコにとって葦原中国（あしはらのなかつくに）は地上の楽園です。下界に来て8年たっても、天界に戻る気はありません。

　高天原の次の使者も、オモヒカネの提案どおりになりました。下界に遣わされたのは、「雉、名は鳴女」です。ナキメに込められた意味は次のとおりです。

ナキメ (鳴女)

ナ　難（nan ナン）「わざわい・なじる」

キ　言（ŋɪʌn ゴン）「いう・ことば」

メ　明（mɪʌŋ ミャウ）「あきらか・あきらかにする」

　◆　難言（ナンゲン）「非難する言葉」

　　　言明（ゲンメイ）「はっきりと正式に述べる」

　ナキメはアメノワカヒコの家の門の木にとまって、教へられていたことをつぶさに述べ立てました。これを聞いたアメノサグメが、この鳥は声が悪いから殺すのがよいといいます。そこで、アメノワカヒコがアメノハジユミとアメノカクヤを使ってナキメを射殺してしまいました。

アメノサグメ (天佐具女)

ア　一（・ɪĕt イチ）「ひとつ」

メノ　偏（pʰɪɛn ヘン）「かたよる」

サ　小（sɪɛu セウ）「ちいさい」

グメ　謹（kɪən コン）「つつしむ・気をくばる」

　◆　一偏（イッペン）「片方」

　　　偏小（ヘンショウ）「片寄っていて度量が小さい」

　　　小謹（ショウキン）「小さいことにこだわる人」

案内美仕隠（天のはじ弓）
アメノ ハ ジユミ

恩免官給与（天のかく矢）
アメノカクヤ

　この弓矢の名は「人を導く美徳ある高官は世に隠る」、「恩赦により官職と給与を免じる」という意味です。アメノワカヒコがこの弓矢を使ったのは、「天界での官職を免ぜられ給与ももらっていない隠遁した身の私に世話をやくな」という気持ちからでしょう。

　さて、ナキメを貫いた矢は天界の高木神の所にまで飛んで行き、この神がこれを投げ返すと、「天若日子が朝床に寝ねたる高胸坂」に的中しました。
たかぎのかみ
あめのわか ひ こ　 あさどこ
い　　　　　　 たかむなさか

アサドコ(朝床)

- ァ　安（・an アン）「やすらか・やすんずる」
- サ　寝（tsʰiəm シム）「ねる」
- ドコ　席（ziɛk ジャク）「むしろ・敷物」
- ◆　安寝（アンシン）「安らかに寝る・安眠」
　　寝席（シンセキ）「寝床」

タカムナサカ(高胸坂)

- タ　大（dai／da ダイ／ダ）「おおきい・りっぱなさま」
- カム　官（kuan クワン）「つかさ・役人」
- ナ　人（niěn ニン）「ひと」
- サカ　爵（tsiak サク）「さかずき・爵位」
- ◆　大官（タイカン）「りっぱな高位の役人」
　　官人（カンジン）「官吏・役人」
　　人爵（ジンシャク）「人が定めた位・世間の地位」

「天若日子が朝床」は「天若日子の安眠のための寝床」
という意味です。また、「高胸坂」は「盛り上がった胸」
ではなく、「御立派なお役人さま」といった意味あいです。

アメノワカヒコは死に、その葬儀が「日八日夜八夜」に
わたって執り行われました。多くの弔問客にまじり、アジ
シキタカヒコネノカミの姿も見えました。

アジシキタカヒコネノカミ(阿遅志貴高日子根神)

ア　冤 (ɦiuʌn ヲン)「無実・うらみ」

ジ　罪 (dzuəi ザイ)「つみ」

シ　死 (sii シ)「しぬ・しぬこと」

キ　去 (kʰio コ)「さる・ゆく」

タ　者 (tʃǐă シャ)「もの・こと」

カ　回 (ɦiuəi エ)「まわる・まわす・もどる・もどす」

ヒ　陽 (yiaŋ ヤゥ)「ひ・あたたか・いつわる」

コネ　言 (ŋiʌn ゴン)「いう・ことば」

ノ　訥 (nuət ノチ)「口ごもる・どもる」

カミ　言 (ŋiʌn ゴン)「いう・ことば」

◆　冤罪 (エンザイ)「無実の罪」

　　罪死 (ザイシ)「死罪・処刑に処せられる罪」

　　死去 (シキョ)「死ぬこと」

　　去者 (キョシャ)「見捨てて去る人・死者」

　　者回 (シャカイ)「このたび・今回」

　　回陽 (カイヨウ)「蘇生する・生き返る」

　　陽言 (ヨウゲン)「嘘・嘘をいう」

　　言訥 (ゲントツ)「口下手」

　　訥言 (トツゲン)「口下手」

アジシキタカヒコネノカミは、死んだアメノワカヒコの妻シタデルヒメの兄です。はるばる高天原から弔問に訪れた遺族たちは、この神を見て驚きの声をあげました。アメノワカヒコにそっくりだったからです。

　これが、アジシキタカヒコネノカミという名の謎を解くヒントです。たったこれだけで、この神名の裏に隠された意味を探れと作者はいっているのです。

　私は何日間もかけて難問の答えを出しました。アジシキタカヒコネノカミは、「無実の罪で死刑になった者がこのたび生き返ったと嘘をつく口下手」という意味です。妹は口上手、兄は口下手だったのです。

　話は続いています。アジシキタカヒコネノカミは「我は、愛しき友なれこそ弔い来つれ。何とかも吾を穢き死人に比ふる」といって、喪屋を切り倒して、足で蹴り飛ばしました。これが美濃国（現在の岐阜県）の喪山になったというのです。また、喪屋を切った「大刀の名は、大量と謂ひ、亦の名は神度剱と謂ふ」と述べられています。

　こんなふうに、作者は喪屋を切り倒したオホハカリとカムトノツルギの語源を探れといっています。私が考えた答えは次のとおりです。

奥遠放下流（大量）
遣奠祭礼儀（神度剱）

　ここでむずかしいのは、遣奠（ケンテン）と奠祭（テンサイ）という漢語です。両者とも似た意味で、「出棺の儀」、「送葬の祭」という意味を表しています。

　今度は誰を遣わそうという話になり、神々が「天安河の河上の天岩屋に坐す、名は伊都之尾羽張神、これ遣はすべし。若し亦、この神に非ずば、その神の子、建御雷之男神、これ遣はすべし。且、その天尾羽張神は……」といいます。ここで、アメノヲハハリノカミはイツノヲハハリノカミの亦の名であることがわかります。この名は、国のとっぱずれに住む神の名ですから、次のような構成でしょう。

アメノヲハハリノカミ（天尾羽張神）

ァ	沿	（yiuɛn エン）	「そう・したがう」
ﾒﾉ	辺	（pen ヘン）	「はし・へり・ふち」
ヲ	遠	（ɦıuʌn ヲン）	「とおい」
ハ	辺	（pen ヘン）	「はし・へり・ふち」
ハ	鄙	（pıui ヒ）	「ひな・いなか」
リ	俚	（lıei リ）	「いやしい・いなかくさい」
ノ	人	（niěn ニン）	「ひと」
カミ	間	（kʌn ケン）	「あいだ・あいま」

　◆　沿辺（エンペン）「国のはずれの地方・辺境」
　　　辺遠（ヘンエン）「かたいなか・辺境」
　　　遠辺（エンペン）「かたいなか・辺境」
　　　辺鄙（ヘンピ）「かたいなか・いなかくさい」
　　　鄙俚（ヒリ）「いやしい・いなかくさい」
　　　俚人（リジン）「俗人・いなかもの」
　　　人間（ニンゲン）「人が住む地・世間」

一方、本名のイツノヲハハリノカミは、「一千億万の幸せを恵む人の鏡」という意味の福神としての名でしょう。

一千億万福利人鑑（伊都之尾羽張 神）
<ruby>イツノヲハハリノカミ</ruby>　<ruby>いつ の を は はりのかみ</ruby>

　さて、アメノヲハハリは神々の意向を聞いて、「僕が子、建御雷 神を遣はすべし」といいます。息子の名を少し変えていっていることに注目してください。正式名と思われるタケミカヅチノヲノカミの語源を私はこう考えます。

タケミカヅチノヲノカミ（建御雷之男神）

タ	多	（ta タ）「おおい・おおいに」
ケミ	感	（kəm コム）「心にこたえる」
カ	激	（kek キャク）「はげしい」
ツ	電	（den デン）「いなずま・いなびかり」
チノ	断	（duan ダン）「たつ・たちきる」
ヲノ	案	（·an アン）「かんがえる・かんがえ」
カミ	件	（gıɛn ゲン）「ことがら」

- ◆ 多感（タカン）「物事に感じやすいこと」
  感激（カンゲキ）「刺激を受けて高ぶること」
  激電（ゲキデン）「激しい雷」
  電断（デンダン）「よい決断・明断」
  断案（ダンアン）「案の決定・決定した案・結論」
  案件（アンケン）「調査すべき事件・相談事」

　一方、タケミカヅチノカミは「多感激電断魂」でしょう。断魂（ダンコン）の意味は「心を傷める」です。

こうして、タケミカヅチノカミが次の遣いとなり、これにアメノトリフネノカミが随行することになりました。

　アメノトリフネは、昔々にイザナキとイザナミが生んだ神です。この神名は「天鳥船」という漢字表記から「空を飛ぶ鳥の船」のように思われていますが、実体は「実利と利便と安寧をもたらしてくれる暦官」です。

アメノトリフネノカミ（天鳥船神）

| アメ | 案 | （·an アン） | 「かんがえる・かんがえ」 |

| ノ | 内 | （nuəi ナイ） | 「うち・なか」 |

| ト | 実 | （dʒɪĕt ジチ） | 「み・みのる・まこと」 |

| リ | 利 | （lıi リ） | 「もうけ・もうける」 |

| フ | 便 | （biɛn ベン） | 「都合のよさ」 |

| ネ | 寧 | （neŋ ニャウ） | 「やすらか・やすんずる」 |

| ノ | 日 | （niĕt ニチ） | 「ひ・太陽」 |

| カミ | 官 | （kuan クワン） | 「つかさ・役人」 |

　◆　案内（アンナイ）「人を導く・手引き」
　　　内実（ナイジツ）「内部が充実する・内部の実情」
　　　実利（ジツリ）「実際の利益・効用」
　　　利便（リベン）「便利のよさ・都合のよさ」
　　　便寧（ベンネイ）「支障がなく安らかなこと」
　　　寧日（ネイジツ）「やすらかな日・無事な日」
　　　日官（ニチカン）「暦を司る官吏・暦官」

　タケミカヅチとアメノトリフネは、出雲の伊那佐の小浜に降って来て、剣を逆さまにして波の穂に刺し、その切っ先にあぐらをかきます。そして国を渡せというアマテラス

の意向をオホクニヌシに伝え、これをどう思うかと尋ねます。するとオホクニヌシは、「僕は、得申さじ。我が子八重事代主神、これ白すべし。しかるに、鳥の遊び、取魚して、御大の前に往きて、未だ還り来ず」といいます。子のヤヘコトシロヌシノカミは、次のように、国を遠くまで発展させようと指揮していた立派で清らかな神でした。

ヤヘコトシロヌシノカミ（八重事代主神）

ヤ　遠（fiɯʌn ヲン）「とおい」

ヘ　方（pɪaŋ ハウ）「かた・むき」

コ　向（hɪaŋ カウ）「むく・むかう」

ト　上（ʒɪaŋ ジャウ）「うえ・あげる」

シ　司（siei シ）「つかさ・つかさどる」

ロ　令（lɪɛŋ リャウ）「いいつけ・よい」

ヌ　人（niěn ニン）「ひと」

シ　子（tsiei シ）「こ・むすこ」

ノ　男（nəm ナム）「おとこ・むすこ」

カミ　君（kɪuən クン）「きみ・君主」

◆　遠方（エンポウ）「遠い所」

　　方向（ホウコウ）「向き」

　　向上（コウジョウ）「進歩する」

　　上司（ジョウシ）「上級の官庁・上級の役人」

　　司令（シレイ）「軍などを指揮すること」

　　令人（レイジン）「立派で清らかな人」

　　人子（ジンシ）「人の子」

　　子男（シダン）「男子」

　　男君（ダンクン）「妾婦の夫」

ヤヘコトシロヌシノカミが呼んで来られました。そして
オホクニヌシから意向を問われると、「恐（かしこ）し。この国は天
つ神の御子（みこ）に立奉（たてまつ）らむ」というや、「船を踏み傾（かたぶ）けて、天（あめの）
逆手（さかて）を青柴垣（あをふしがき）に打ち成して」隠れました。意味不明とされ
てきたこの箇所は、次の語源解釈によって明白になります。

アメノサカテ（天逆手）

アメ	恩	（·ən オン）「めぐみ・いつくしむ」
ノ	人	（niĕn ニン）「ひと」
サ	身	（ʃiĕn シン）「み・からだ」
カ	幹	（kan カン）「みき・中心部分」
テ	主	（tʃiu ス）「あるじ・ぬし」

　◆　恩人（オンジン）「恩を受けた人」
　　　人身（ジンシン）「人の体」
　　　身幹（シンカン）「体の背骨・体」
　　　幹主（カンシュ）「中心」

アヲフシカキ（青柴垣）

ア	淵	（·uen ェン）「ふち・ふかいさま」
ヲ	遠	（ɦiuʌn ヲン）「とおい・とおざかる」
フシ	別	（biɛt ベチ）「わかれる・わける・わかれ」
カ	居	（kio コ）「いる・おる・おく」
キ	家	（kǎ ケ）「いえ・うち」

　◆　淵遠（エンエン）「深くて遠い」
　　　遠別（エンベツ）「遠くに別れる」
　　　別居（ベッキョ）「別れて住む」
　　　居家（キョカ）「住居・家に住んでいる」

アメノサカテは「恵みを賜ったヤヘコトヌシの体」を表し、アヲフシカキは「深くて遠い別の住みか」である「あの世」を表しています。ヤヘコトヌシは船べりに棒立ちして、海に倒れこむように身を投げたのです。父の目の前で。

　高天原の一方的で理不尽な要求に抵抗した神がいました。オホクニヌシの別の御子タケミナカタノカミです。

タケミナカタノカミ（建御名方神）

タ	将	（tsiaŋ サウ）「軍をひきいる長・ひきいる」
ケミ	軍	（kɪuən クン）「つわもの・いくさ」
ナ	人	（niěn ニン）「ひと」
カ	血	（huet クエチ）「ち」
タノ	戦	（tʃɪɛn セン）「たたかう・たたかい」
カミ	汗	（ɦan ガン）「あせ・あせをかく」
◆	将軍	（ショウグン）「軍隊を統率する長」
	軍人	（グンジン）「戦争をする人・兵士」
	人血	（ジンケツ）「人の血」
	血戦	（ケッセン）「血まみれになって戦うこと」
	戦汗	（センカン）「ふるえあがって出る汗・ひや汗」

　好戦的気風のこの神はタケミカヅチノカミに挑みましたが、その強さにはかないませんでした。こうして葦原中国はついに高天原の軍門に降りました。

　最後は蛇足です。オホクニヌシが国を譲る条件として建てたという巨大な御殿の遺物とおぼしき柱の根っこが掘り出され、出雲大社に隣接する博物館に展示されていますが、私がここで扱った話は基本的に作り話だと思います。

第98話　天孫の降臨

　アマテラスは息子のアメノオシホミミノミコト（第95話参照）を下界の統治者として降臨させようとしましたが、アメノオシホミミノミコトが自分の子のヒコヒコホノニニギノミコトを降臨させるのがよいと申し出て、それが受け入れられました。

ヒコヒコホノニニギノミコト（日高日子番能邇邇芸命）

ヒ　　風（pɪuŋ フウ／フ）「かぜ・おもむき」
コ　　気（kʰɪəi ケ）「いき・活力・気持ち」
ヒ　　風（pɪuŋ フウ／フ）「かぜ・おもむき」
コ　　気（kʰɪəi ケ）「いき・活力・気持ち」
ホノ　温（・uən ヲン）「あたたかい・あたたかさ」
ニ　　仁（niěn ニ／ニン）「ひと・いつくしみ」
ニ　　柔（niəu ニウ）「やわらかい・やわらげる」
ギノ　謹（kɪən コン）「つつしむ・気をくばる」
ミコ　樸（pʰɔk ホク）「飾り気がないさま」
ト　　実（dʒɪět ジチ）「み・みのる・まこと」

◆　風気（フウキ）「風・風土と気候・立派な人柄」
　　気風（キフウ）「気だて」
　　気温（キオン）「大気中の温度」
　　温仁（オンジン）「穏やかで情け深いこと」
　　仁柔（ジンニュウ）「いつくしみのある穏やかさ」
　　柔謹（ジュウキン）「従順でつつしみ深いこと」
　　謹樸（キンボク）「つつしみ深く飾り気がないさま」
　　樸実（ボクジツ）「飾り気がなく実直なこと」

ヒコヒコホノニニギノミコト、略してホノニニギが下界に向けて出発しようとしたとき、「天の八衢に居て、上は高天原を光らし、下は葦原中国を光らす神」が現れました。サルタビコノカミが旅の道案内を買って出たのです。この神の本職は、次の語源解釈からわかるように、「旅の案内役」でした。

サルタビコノカミ（猿田彦神）

サ	進 (tsiĕn シン)	「すすむ・すすめる」
ル	路 (lo ル)	「みち・よこみち」
タ	程 (dɪɛŋ ヂャウ)	「のり・みちのり」
ビ	品 (pʰɪəm ホム)	「しな・きまり」
コ	行 (ɦʌŋ ギャウ)	「ゆく・おこなう・おこない」
ノ	人 (niĕn ニン)	「ひと」
カミ	間 (kʌn ケン)	「あいだ・あいま」

- ◆ 進路 （シンロ）「進んで行く道」
  - 路程 （ロテイ）「旅の道のり」
  - 程品 （テイヒン）「きまり・方式」
  - 品行 （ヒンコウ）「行い・行状」
  - 行人 （コウジン）「賓客を接待する官吏」
  - 人間 （ニンゲン）「人が住む世・世間」

　ホノニニギには、案内役のサルタビコのほかに、五柱の神が同行しました。一行は高天原の西の果てに向かったはずです。というのも、鹿児島県の上空が高天原の国の果てで、そこに下界に通じる浮橋が架かっていたと思われるからです。一行は「天石位を離れ」、その奥に分け入り、

「　天浮橋にうきじまり、そりたたして、高千穂のくじふる
あめのうきはし
たけ」に降り立ちました。意味不明とされる「うきじま
り、そりたたして」は次のような造語でしょう。

ウキジマル(うきじまる)

ウ　倚（・ıĕ̆ィ）「よる・よりかかる」

キ　傾（kʰiuɛŋ キャウ）「かたむく・かたむける」

ジ　側（tṣïək シキ）「かたわら・かたむける」

マ　弁（bıɛn ベン）「かんむり」

ル　慄（hĕt リチ）「ふるえる・おそれる」

　◆　倚傾（イケイ）「傾いて寄りかかる」

　　　傾側（ケイソク）「傾いて斜めになる」

　　　側弁（ソクベン）「冠を傾ける」

　　　弁慄（ベンリツ）「おののき震える」

ソリタツ(そりたつ)

ソ　聳（sioŋ シュ／シュウ）「そばだてる・そびえる」

リ　楼（ləu ル）「たかどの・やぐら」

タ　殿（den デン）「との・たかどの」

ッ　上（ʒıaŋ ジャウ）「うえ・かみ」

　◆　聳楼（ショウロウ）「高くそびえる高楼」

　　　楼殿（ロウデン）「高殿」

　　　殿上（デンジョウ）「御殿の中」

　ウキジマリは「寄りかかるように体を傾け、かぶった冠
を傾け、おののき震えて」という意味で、ソリタタシテは
「そびえ立つ高殿のように背筋をのばされて」という意味

です。神としての超能力はすでに失っていたのです。

　では次に、ホノニニギらが必死の思いで降り立った「高千穂のくじふるたけ」の地勢を下に示してみましょう。

タカチホ(高千穂)

タ　崇 (dzïuŋ ズウ)「たかい・あがめる」
カ　高 (kau カウ)「たかい」
チ　峻 (siuěn シュン)「たかい・けわしい」
ホ　峰 (pʰıoŋ フ)「みね」
　◆ 崇高 (スウコウ)「けだかい」
　　高峻 (コウシュン)「山が高くて険しい」
　　峻峰 (シュンポウ)「高く険しい山や峰」

クジフルタケ(くじふるたけ)

ク　嶮 (ŋıɛm ゲム)「けわしい」
ジ　峻 (siuěn シュン)「たかい・けわしい」
フ　峰 (pʰıoŋ フ)「みね」
ル　巒 (luan ラン)「みね・連山」
タ　嶂 (tʃıaŋ シャウ)「みね・さえぎりたつ山」
ケ　嶮 (ŋıɛm ゲム)「けわしい」
　◆ 嶮峻 (ケンシュン)「険しくて高い」
　　峻峰 (シュンポウ)「高く険しい山や峰」
　　峰巒 (ホウラン)「連なった山々」
　　巒嶂 (ランショウ)「立ちはだかる山々」
　　嶂嶮 (ショウケン)「立ちはだかる険しい山」

　クジフルタケは鹿児島県の霧島連峰の高千穂峰のことで

す。ホノニニギの一行はここに架かっていた浮き橋を渡ったのです。宮崎県高千穂町の高千穂神社あたりも降臨地の候補地とされてきましたが、そこは「峰が連なる峻嶮な山」ではありません。またクジフルタケの起源を朝鮮語の「亀旨峰」の「亀旨」に求める説は問題外です。

さて降臨したホノニニギはある日、笠沙の岬で美女に出合いました。「名は神阿多都比売、亦の名は木花之佐久夜毗売」とのことです。亦の名の意味はすぐにわかります。

コノハナノサクヤビメ（木花之佐久夜毗売）

- コ　国（kuək コク）「くに」
- ノ　内（nuəi ナイ）「うち・なか」
- ハ　美（mɪui ミ）「うつくしい・よい」
- ナノ　人（niĕn ニン）「ひと」
- サ　情（dziɛŋ ジャウ）「なさけ」
- ク　感（kəm コム）「心にこたえる・感じ」
- ヤ　悦（yiuɛt エチ）「よろこぶ・よろこばす」
- ビ　服（bɪuk ブク）「きもの・したがう」
- メ　務（mɪu ム）「つとめ・つとめる」
- ◆　国内（コクナイ）「国の中」
  - 内美（ナイビ）「人徳がある」
  - 美人（ビジン）「美しい人」
  - 人情（ニンジョウ）「なさけ・生まれつきの感情」
  - 情感（ジョウカン）「趣ある感・感じ」
  - 感悦（カンエツ）「心から喜ぶ」
  - 悦服（エツフク）「喜んで心から服従する」
  - 服務（フクム）「職務などに従事すること」

この名は非の打ち所がありません。しかしカムアタツヒメは「困慰屾民」が語源で、「民を慰問して民を憐れみ救う気力に欠ける」という否定的な意味を含んでいます。

　ホノニニギは名を聞いたあと、「汝が兄弟有りや」と娘に尋ねました。娘は「我が姉、石長比売在り」と答えましたが、この姉の名はとんでもない意味を秘めています。

イハナガヒメ (石長比売)

イ　　夷（yii イ）「えびす・ひくい」

ハ　　蛮（mǎn メン）「えびす・未開人」

ナ　　奴（no ヌ）「召使い」

ガ　　家（kǎ ケ）「いえ・うち」

ヒ　　婢（biě ビ）「はしため・召使いの女」

メ　　僕（buk ボク）「しもべ」

◆　　夷蛮（イバン）「東方と南方の未開人・東夷と南蛮」
　　　蛮奴（バンド）「召使いの野蛮人・未開の野蛮人」
　　　奴家（ドカ）「女の卑称」
　　　家婢（カヒ）「召使い・下女」
　　　婢僕（ヒボク）「下女・下男」

　娘たちの父オホヤマツミノカミ（第83話参照）は、コノハナノサクヤビメを娶りたいというホノニニギに姉妹の両方を送ります。しかし姉は醜さゆえに返されて来ました。オホヤマツミは恥じながら、イハナガヒメが一緒なら天皇の命は石のように長く、コノハナノサクヤビメが一緒なら木の花が咲くように栄えるのにといいました。作者は、天皇たちが無常であるのはこのためだと語っています。

第99話 海幸と山幸の話

　海の幸を取って暮らすホデリノミコトも山の幸を取って暮らすホヲリノミコトも、コノハナノサクヤビメが生んだ子です。下に２つの名の由来を示しますが、ホヲリノミコトは共通する要素を省いてホオリの部分だけを示すことにします。

ホデリノミコト（火照命）

ホ	歩（bo ブ）「あるく」
デ	渉（ʒɪɛp ゼフ）「わたる」
リ	猟（lɪɛp レフ）「かる・あさる」
ノ	人（niĕn ニン）「ひと」
ミコ	牧（mɪuk モク）「かう・まきば・地方長官」
ト	守（ʃɪəu シュ）「まもる・まもり」

- ◆ 歩渉（ホショウ）「陸を歩き川などを渡る」
  - 渉猟（ショウリョウ）「水を渡って猟をする」
  - 猟人（リョウジン）「狩人」
  - 人牧（ジンボク）「地方の長官」
  - 牧守（ボクシュ）「地方の長官」

ホヲリノミコト（火遠理命）

ホ	毛（mau モウ）「け」
ヲ	羽（fɪu ウ）「はね・やばね」
リ	猟（lɪɛp レフ）「かる・あさる」

- ◆ 毛羽（モウウ）「獣と鳥」
  - 羽猟（ウリョウ）「羽の付いた矢で猟をする」

兄の道具を借りて海に出かけたホヲリは釣り針をなくしてしまいます。兄は許してくれません。困ったホヲリは別の神の勧めで海津見神の宮に行き、トヨタマビメと結ばれます。そして3年後に鯛の喉から出て来た釣り針とトヨタマビメがくれた2つの珠で、兄のホデリに挑みます。

トヨタマビメ（豊玉毗売）

ト	恬（dem デム）「やすらか」	
ヨ	裕（yiu ユ）「ゆたか」	
タ	足（tsiok ソク）「たりる・たす」	
マ	備（bɪui ビ）「そなえる・そなわる」	
ビメ	弁（bɪɛn ベン）「わける・わきまえる」	

- ◆ 恬裕（テンユウ）「財産があって豊かなこと」
  裕足（ユウソク）「豊かで十分なこと」
  足備（ソクビ）「足り備わる」
  備弁（ビベン）「準備する」

シホミツタマ（塩盈珠）

シ	潮（dɪɛu デウ）「しお」	
ホ	波（pua ハ）「なみ」	
ミ	風（pɪuŋ フウ／フ）「かぜ」	
ツ	神（dʒɪĕn ジン）「かみ」	
タマ	丹（tan タン）「に・丹薬」	

- ◆ 潮波（チョウハ）「海の波」
  波風（ハフウ）「風で波が高く立つこと」
  風神（フウジン）「風の神」
  神丹（ジンタン）「霊薬」

シホフルタマ（塩乾珠）

- シ　潮（ɟɪɛu デウ）「しお」
- ホ　平（bɪʌŋ ビャウ）「たいらか」
- フ　伏（bɪuk ブク）「ふす・ふせる」
- ル　竜（lɪoŋ リュウ）「たつ・りゅう」
- タ　舟（tʃɪəu シュ）「ふね」
- マ　泊（bak ／ pʰʌk バク／ヒャク）「とまる・水が浅い」

◆　潮平（チョウヘイ）「満潮」
　　平伏（ヘイフク）「ひれふす」
　　伏竜（フクリュウ）「水中に隠れている竜」
　　竜舟（リュウセン）「舳先が竜の形の天子の舟」
　　舟泊（センパク）「船を接岸して宿る・舟中の仮寝」

　ホヲリは返した釣り針に呪文をかける術を教わっていました。シホミツタマで海を満潮にしたり、シホフルタマで潮を引かせることもできました。シホフルタマには「竜が伏す満潮の海が浅くなり天子の乗った竜舟が座礁して舟中泊を強いられる」という含みがあります。ホヲリは兄を溺れさせたり救ったりして降参させ、自分を守護する役目を兄に負わせました。

　この話は大和朝廷とハヤヒト（隼）との関係をモチーフにしたものだといわれます。ハヤヒト（のちのハヤト）は被征服民です。彼らが住んでいた南九州のタケヒワケ（建日分）を作者がどう見ていたかは第81話を見てください。

　なお、ハヤヒトは「動作が勇猛敏捷な人の意」ではありません。ハヤブサ（隼）の語源は「奔逸飛隼（ハヤブサ）」ですが、ハヤヒトの原義は「辺境の防備にあてられた役夫」です。

ハヤヒト／ハヤト (隼)

ハ　辺 (pen ヘン)「はし・はて・へり」

ャ　役 (yiuɛk ヤク)「こきつかう・労役」

ヒ　夫 (pɪu フ)「おとこ・おっと」

ト　子 (tsiei シ)「こ・むすこ・ひと」

◆　辺役 (ヘンエキ)「辺境を守るための労役」

　　役夫 (エキフ)「労役のために使われる人民」

　　夫子 (フシ)「男子・夫」

さて、ホヲリの妻トヨタマビメは、もとはワニ (サメ) でした。そしてワニの姿で出産するところを夫に見られ、これを恥じて海に帰ってしまいます。生まれた子は母親への非難を込めて「天津日高日子波限建鵜葺草葺不合 命(あまつ ひ こ ひ こ なぎ さ たけう かやふき あ へずのみこと)」と名付けられました。母親はこれを恨みますが、恋しい我が子の養育者として妹のタマヨリビメを遣わします。

タマヨリビメ (玉依毗売)

タ　大 (dai／da ダイ／ダ)「おおきい」

マ　藩 (pɪuʌn ホン)「まがき・諸侯」

ヨ　垣 (ɦiuʌn ヲン)「かき・かきね」

リ　籬 (lɪĕ リ)「まがき・いけがき」

ビメ　門 (muən モン)「かど・もん」

◆　大藩 (タイハン)「有力な藩国」

　　藩籬 (ハンリ)「まがき・垣根」

　　籬門 (リモン)「垣根の門」

預けられた子は成長し、タマヨリビメと結婚します。

第100話 作り話は続く

タマヨリビメは子を授かります。生まれた4人あるいは4柱の中に、「若御毛沼命、亦の名は豊御毛沼命、亦の名は神倭伊波礼毗古命」が含まれています。カムハヤトイハレビコノミコトは神武天皇の和風諡号、つまり日本風のおくり名です。

下にイハレビコノミコトの語源を示します。

イハレビコノミコト（伊波礼毗古命）

イ	勇（yioŋ ユウ／ユ）「いさましい」
ハ	猛（mʌŋ ミャウ）「たけだけしい」
レ	烈（lɪɛt レチ）「はげしい」
ビ	武（mɪu ム）「たけだけしい」
コ	芸（ŋiɛi ゲ）「わざ」
ノ	能（nəŋ ノウ／ノ）「あたう・よくする」
ミ	弁（bɪɛn ベン）「かんむり・議論・わける」
コ	瓊（giuɛŋ ギャウ）「たま・にぎたま」
ト	殿（den デン）「との・御殿」

- ◆ 勇猛（ユウモウ）「勇ましくて強い」
  - 猛烈（モウレツ）「勢いの激しいこと」
  - 烈武（レツブ）「武勇と武力が強いこと」
  - 武芸（ブゲイ）「武道に関するわざ」
  - 芸能（ゲイノウ）「芸術と技能・学術」
  - 能弁（ノウベン）「弁舌が達者である」
  - 弁瓊（ベンケイ）「弁の玉飾り」
  - 瓊殿（ケイデン）「宝玉で飾った美しい御殿」

イハレビコノミコトはもう人間です。『古事記』の神の物語はおわり、人間の物語に移っています。私が強調しておきたいのは、人間の話になっても作者の名付けの態度は一向に変わっていないということです。

　イハレビコノミコトは長兄の五瀬 命（語源は「逸才能弁瓊殿」）と天下統一の旅に出ますが、途中で敵も味方も出てきます。味方は「久米の子（語源は「救民国」）のような名が付いていますが、対抗勢力に属する人物や陰謀家たちの名前には悪意が込められています。

罪犯分限（登美毗子）
怨恚恨殺（兄宇迦斯）
厄殺気力（八十建）
猜疑心腑（多芸志美美）

　作者が考案したにちがいないこれらの名前は、神武東征の物語そのものが作者によるフィクションであった可能性を示唆しています。神武天皇も存在しなかったはずです。

　欠史八代といわれる天皇やその后たちの名前もひどいもののように思われます。私の見立てでは、第2代天皇のおくり名である神沼河耳の語源は「官人間謀反」です。第3代天皇の師木津日子玉手見の語源は「千金銭布貨財宝殿」で、その后阿久斗比売の語源は「悪党伴」でしょう。第6代の大倭 帯 日子国押人のタラシヒコクニオシヒトの語源は「垂老死亡国内応接伴食」で、「死ぬ間際の老人が亡んだ国のなかで内通している敵を接待して陪食している」といった意味を表しています。第9代天皇の若倭根

こ ひ こ おほ び び
子日子大毗々のネコヒコオホビビの成り立ちはこうです。

ネコヒコオホビビ（根子日子大毗々）

ネ　　人（niěn ニン）「ひと」

コ　　間（kʌn ケン）「あいだ・あいま」

ヒ　　放（pɪaŋ ハウ）「はなす・はなつ」

コ　　歌（ka カ）「うた・うたう」

オ　　嘔（・əu ウ）「はく・うたう・うた」

ホ　　符（pɪu ブ）「わりふ・ふだ・しるし」

ビ　　命（mɪʌŋ ミャウ）「みこと・おつげ」

ビ　　服（bɪuk ブク）「きもの・ふく」

　◆　人間（ニンゲン）「人が住む世・世間」

　　　間放（カンポウ）「気まま」

　　　放歌（ホウカ）「歌を歌う」

　　　歌嘔（カオウ）「歌を歌う」

　　　嘔符（オウフ）「愛撫する」

　　　符命（フメイ）「神が天子になる人に下す印」

　　　命服（メイフク）「爵位と一緒にもらう官服」

　この名前は「天子から爵位を与えられ、一緒にもらった
官服を撫でながら、人中で気ままに大声を出して歌を歌っ
ている」といった意味を表しています。
　作者がこのようなふざけた名前を作ったのはなぜでしょ
うか。理由は単純です。漢語の知識を土台にした造語能力
をほめてもらいたかったのです。そして、苦心して作った
言葉の謎々を解いてもらいたかったのです。しかし、作者
のこうした望みがかなったかどうかはわかりません。

あとがき

　すでに別の本で指摘したことですが、南島語と朝鮮語が日本語と縁続きであることをここでも述べておきます。

　南島語は、約5000年前、南中国の先史中国語話者が台湾に渡り、その子孫が南太平洋の島々に移り住んで生まれた言語です。ですから、南島語は日本語の年の離れた兄弟ということになります。

　朝鮮語も、日本語の兄弟です。韓国の言語学者たちは朝鮮語の起源を北方に求めつつ、朝鮮語から日本語が生まれたかのようにいいますが、そうではありません。朝鮮語は、約3000年前に古代中国語を話す水稲耕作民が朝鮮半島に入植したり、朝鮮半島が中国の古代国家の支配下に置かれたりしたことによって形成された言語です。

　であれば、日本語と朝鮮語の語彙がそれほど似ていないのはなぜでしょう。私の調査によれば、造語法の違いに原因があります。たとえば、「風」を意味する朝鮮語は古代中国語の風（plɪuəm）を変形した param ですが、日本語では本文の第60話でふれたように、気喘（kʰɪəd-tʰiuan）という熟語からカゼ（風）という語が創造されました。また、「罪」を意味する朝鮮語は中国語の罪（dzuər）を源とする tʃweː ですが、日本語のツミは罪犯（dzuər-bɪuǎm）という熟語の dzuə-bɪuǎ に対応する形態です。このように日本語の語彙は中国語の2字熟語を基盤にしたものが圧倒的に多いため、朝鮮語の語彙とあまり重ならないのです。しか

し詳しく調べてみると、両言語の語彙は一般に思われているよりも似ていることがわかります。

　語彙の問題とは別にふれておきたいことがあります。文法についてです。

　本書は日本語の語源を説くことによって日本語が中国語起源であることを裏付けようとしたものなので、文法の問題は取りあげませんでした。このことを万全ではないと見る向きもありましょうが、私にいわせると、系統論に文法の問題を持ちこむのは危険です。文法は比較的簡単に変化するので、文法の類似性を同系かどうかの尺度とするのは理論的にまちがっています。言語間の系統的同一性の条件に文法の類似性を含めたら、インド・ヨーロッパ諸語は同系言語とはいえなくなります。そして、今の英語は昔の英語と系統が異なることになってしまいそうです。

　ちなみに、日本語の助詞の大部分、助動詞のすべてが中国語の動詞から生まれたものです。動詞語尾のルやスも同様です。一方、形容詞語尾のシの起源は者（tiăg）という名詞に求められます。古代中国語が日本列島で漢字の束縛から解かれたとき、古代日本語へ通じる日本語の文法が芽生えたのです。漢字でがんじがらめの中国語は、2字熟語が驚くほど豊かで、文法が驚くほど未発達のままです。

　最後に感謝の言葉を。拙い原稿がこのような形あるものになったのは、松田健ちくま新書編集長からあれやこれやの御教示を賜ったおかげです。ありがとうございました。

　2021年晩秋

著者

主要参考文献

池橋宏（2008）『稲作渡来民 ──「日本人」成立の謎に迫る』
　講談社.

大野晋（2000）『日本語の形成』岩波書店.

大野晋編（2011）『古典基礎語辞典』角川学芸出版.

大野晋・佐竹昭広・前田金五郎編（1900）『岩波古語辞典』
　（補訂版）岩波書店.

大槻文彦編（1932-37）『大言海』（全4巻）冨山房.

小沢重男（1979）『日本語の故郷を探る ── モンゴル語圏か
　ら』講談社.

川本崇雄（1978）『南から来た日本語』三省堂.

木村紀子（2009）『原始日本語のおもかげ』平凡社.

金思燁（1979）『記紀萬葉の朝鮮語』六興出版.

近藤健二（2020）『弥生言語革命』松柏社.

──── （2020）『花咲く大和言葉の森へ ── 日本語の新起
　源論から新釈万葉集へ』松柏社.

西郷信綱（1967）『古事記の世界』岩波書店.

西條勉（2011）『『古事記』神話の謎を解く ── かくされた裏
　面』中央公論社.

坂本勝（2003）『古事記の読み方 ── 八百万の神の物語』岩
　波書店.

佐竹昭広・久保田淳（1989）『方丈記 徒然草』（新 日本古典
　文学大系 39）岩波書店.

佐竹昭広ほか編（1999-2003）『万葉集』（新 日本古典文学大
　系 1・2・3・4）岩波書店.

上代語辞典委員会編（1967）『時代別国語大辞典』三省堂.

白川静（1996）『字通』平凡社.

多田一臣（2020）『古事記私解Ｉ』花鳥社.

築島 裕ほか編（2011）『古語大鑑』（第 1 巻）東京大学出版会.

土屋文明訳（1956）『万葉集』（日本国民文学全集 第二巻）河出書房.

藤堂明保・加納喜光編（2005）『学研新漢和大字典』学習研究社.

中西進（2008）『万葉集全訳注原文付』（中西進著作集 19・20・21）四季社.

中本正智（1992）『日本語の系譜』青土社.

西田龍雄（1978）「チベット・ビルマ語と日本語」『岩波講座 日本語十二・日本語の系統と歴史』所収、岩波書店.

日本大辞典刊行会編（1972-76）『日本国語大辞典』（全 20 巻）小学館.

パーカー、C.K.（1941）『日本語・西蔵＝緬甸語同系論』東亜同文書院志那研究部.

堀井令位知編（1988）『語源大辞典』東京堂出版.

堀内秀晃・秋山虔校注（1997）『竹取物語 伊勢物語』（新 日本古典文学大系 17）岩波書店.

前田富祺監修（2005）『日本語源大辞典』小学館.

村山七郎（1979）『日本語の誕生』筑摩書房.

山口佳紀編（1998）『暮らしのことば 語源辞典』講談社.

柳井 滋ほか校注（1993-97）『源氏物語』（新 日本古典文学大系 19・20・21・22・23）岩波書店.

吉田金彦編（1996）『衣食住語源辞典』東京堂出版.

────（2000）『語源辞典 形容詞編』東京堂出版.

吉田金彦編著（2001）『語源辞典 動物編』東京堂出版.

────（2001）『語源辞典 植物編』東京堂出版.

渡辺実校注（1991）『枕草子』（新 日本古典文学大系 25）岩波書店.

ちくま新書
1626

日本語の起源
ヤマトコトバをめぐる語源学

2022 年 1 月 10 日　第 1 刷発行

著者
近藤健二
（こんどう・けんじ）

発行者
喜入冬子

発行所
株式会社 筑摩書房
東京都台東区蔵前 2-5-3　郵便番号 111-8755
電話番号 03-5687-2601（代表）

装幀者
間村俊一

印刷・製本
株式会社 精興社

ちくま新書

ちくま新書